# Engenharia de Prompts: O Guia Definitivo

## Introdução

A **Engenharia de Prompts** é uma disciplina essencial para aproveitar ao máximo o poder dos modelos de Inteligência Artificial (IA), especialmente aqueles baseados em processamento de linguagem natural (PLN), como os modelos GPT. Embora os sistemas de IA tenham se tornado altamente sofisticados, a maneira como interagimos com eles ainda é crucial para obter resultados precisos e úteis. Aqui, o conceito de "prompt" se refere à solicitação que fazemos à IA para gerar uma resposta ou realizar uma tarefa específica.

O campo da engenharia de prompts trata da arte e da ciência de formular perguntas, comandos e solicitações de maneira estratégica, de modo a obter as melhores respostas possíveis de sistemas de IA. Seja para responder a uma dúvida simples, gerar conteúdo criativo, ou até mesmo automatizar tarefas complexas, entender como construir prompts eficazes pode fazer toda a diferença na performance de um modelo de IA.

Este e-book visa proporcionar uma compreensão abrangente da engenharia de prompts, abordando desde os conceitos básicos até técnicas avançadas e práticas. Ao longo dos capítulos, exploraremos como a engenharia de prompts pode ser aplicada em diversos contextos, como no processamento de linguagem natural, na geração de código, na criação de conteúdo criativo, e muito mais. Vamos também discutir as melhores práticas, desafios e as tendências emergentes nesta área, ajudando você a se tornar um especialista em otimizar suas interações com IA.

A jornada da engenharia de prompts não apenas melhorará sua habilidade de interagir com sistemas de IA de maneira mais eficiente, mas também abrirá novas possibilidades para a automação de processos e para a criação de soluções inovadoras.

# Prefácio

A **Engenharia de Prompts** é uma área emergente e de grande relevância no campo da Inteligência Artificial (IA). Embora os modelos de IA estejam cada vez mais poderosos, a forma como interagimos com eles, ou seja, a maneira como formulamos os **prompts** (comandos ou solicitações feitas aos modelos), continua a ser um dos principais fatores determinantes para obter respostas úteis, precisas e relevantes.

Este e-book, "Engenharia de Prompts: O Guia Definitivo", foi criado para oferecer uma compreensão completa dessa disciplina essencial. Se você é um entusiasta da IA, um profissional de tecnologia ou alguém que deseja aprender a interagir de forma mais eficaz com sistemas inteligentes, este guia fornecerá as ferramentas e conhecimentos necessários para aprimorar suas habilidades na criação de prompts.

Ao longo dos capítulos, exploraremos a evolução dos modelos de IA, desde as abordagens mais simples, baseadas em regras, até os sistemas multimodais e autoadaptativos de hoje. Vamos abordar a teoria por trás da engenharia de prompts, mas, acima de tudo, focaremos em **exemplos práticos** e **dicas aplicáveis**, para que você possa implementar o que aprendeu imediatamente.

A **engenharia de prompts** não é apenas sobre a escrita de comandos para IA; é sobre criar uma comunicação eficaz entre seres humanos e máquinas, permitindo que possamos aproveitar ao máximo as capacidades dessas tecnologias. Em um mundo cada vez mais dependente de IA, as habilidades de construir prompts de forma precisa e estratégica não são apenas úteis; são essenciais.

Este guia não apenas explica os fundamentos, mas também oferece **visões avançadas**, abordando tópicos como personalização de prompts, abordagens de aprendizado contínuo, uso de IA multimodal e considerações éticas importantes. Ao final deste e-book, você terá uma visão ampla da engenharia de prompts e será capaz de aplicar esses conhecimentos para melhorar suas interações com modelos de IA, tornando-se um verdadeiro especialista na área.

Seja bem-vindo ao "Guia Definitivo de Engenharia de Prompts". Espero que você aproveite essa jornada de aprendizado e aplique esses conhecimentos para explorar o incrível potencial que a IA tem a oferecer.

**Paulo Fagundes**
*Especialista em Inteligência Artificial e Engenharia de Prompts*

---

# Indice

# Capítulo 7: Testes e Validação de Prompts

# Capítulo 8: Aplicações Avançadas da Engenharia de Prompts

# Capítulo 9: Aplicações Avançadas de Engenharia de Prompts

# Capítulo 10: Melhoria Contínua e Experimentação em Engenharia de Prompts

# Capítulo 11: Ética e Responsabilidade na Engenharia de Prompts

# Capítulo 12: Automatização e Escalabilidade na Engenharia de Prompts

# Capítulo 13: O Futuro da Engenharia de Prompts: Tendências e Inovações

# Capítulo 14: A Prática da Engenharia de Prompts: Como Criar Prompts Eficazes e Otimizar a Interação com IA

# Capítulo 15: A Ética na Engenharia de Prompts: Garantindo Respostas Responsáveis e Imparciais

## Capítulo 16: Como Otimizar e Ajustar Prompts para Resultados Consistentes

## Capítulo 17: Como Avaliar e Medir a Qualidade das Respostas da IA

# Capítulo 18: Como Usar Engenharia de Prompts para Aplicações Específicas de IA

# Capítulo 19: Como Iterar e Melhorar Seus Prompts ao Longo do Tempo

# Capítulo 20: Melhores Práticas para Garantir Respostas Éticas e Responsáveis da IA

# Capítulo 21: A Evolução dos Modelos de IA e Suas Implicações no Futuro da Engenharia de Prompts

## 3. Referências

---

# Capítulo 1: Fundamentos da Engenharia de Prompts

Neste capítulo, vamos explorar os conceitos fundamentais da engenharia de prompts, fornecendo uma base sólida para a criação de interações eficazes com modelos de IA. Ao entender o que são prompts e como funcionam, você estará mais bem preparado para usar a IA de forma eficaz e obter os resultados desejados.

**1.1 O que são Prompts?**

- **Definição Básica**: Um *prompt* é uma entrada fornecida a um modelo de IA, como uma pergunta, comando ou solicitação, para que o modelo gere uma resposta ou execute uma ação específica. Em outras palavras, o prompt é a "pergunta" ou "instrução" dada à IA para que ela produza um "resultado".

- **Exemplo Prático:**

    o **Prompt**: "Explique o conceito de aprendizado supervisionado em inteligência artificial."

- o **Resposta Esperada**: O modelo de IA deve fornecer uma explicação clara e concisa sobre o aprendizado supervisionado, abordando seus componentes principais, como dados rotulados e algoritmos de classificação.

- **Importância do Prompt**: A maneira como o prompt é formulado tem grande impacto na qualidade e relevância da resposta gerada pela IA. Prompts claros e bem estruturados ajudam a garantir que o modelo compreenda corretamente a tarefa e gere a resposta mais apropriada.

## 1.2 Diferença entre Prompts e Consultas

Embora ambos os termos se refiram a solicitações feitas a um sistema, há uma distinção importante entre *prompts* e *consultas*.

- **Consultas**: Normalmente usadas em sistemas de banco de dados ou mecanismos de pesquisa, são solicitações específicas que visam obter informações ou dados concretos. Elas geralmente têm um formato bem definido e esperam uma resposta objetiva.

  - o **Exemplo de Consulta**: "Qual é a capital da França?"

  - o **Resposta Esperada**: "Paris"

- **Prompts**: São mais flexíveis e amplos, muitas vezes requerendo uma resposta mais elaborada, criativa ou interpretativa. Eles são comuns em modelos de linguagem como o GPT, onde o objetivo pode ser gerar um texto, resolver um problema ou realizar uma tarefa criativa.

  - o **Exemplo de Prompt**: "Descreva o impacto da Revolução Industrial nas cidades europeias."

  - o **Resposta Esperada**: O modelo de IA forneceria uma explicação detalhada sobre as mudanças econômicas, sociais e urbanas causadas pela Revolução Industrial.

- **Diferença Chave**: Consultas buscam dados objetivos e diretos, enquanto prompts têm o objetivo de gerar uma resposta mais extensa, com mais contexto e detalhes.

## 1.3 Como a IA Processa Prompts?

Para entender como um modelo de IA responde a um prompt, é essencial compreender como ele processa e interpreta a entrada fornecida.

1. **Pré-processamento de Entrada**: Quando um prompt é recebido, o modelo de IA primeiro realiza o pré-processamento do texto. Isso geralmente envolve a *tokenização*, que é o processo de dividir o texto em unidades menores, chamadas de *tokens* (geralmente palavras ou subpalavras). O modelo usa essas unidades para compreender a estrutura e o significado do texto.

   o **Exemplo**: Se o prompt for "Explique o que é aprendizado supervisionado", o modelo pode dividir a frase em tokens como: ["Explique", "o", "que", "é", "aprendizado", "supervisionado"].

2. **Processamento pelo Modelo de Linguagem**: O modelo de IA, como o GPT, utiliza redes neurais treinadas em grandes quantidades de texto para identificar padrões e relações entre os tokens. Ele gera uma resposta com base em seu treinamento, considerando o contexto do prompt.

3. **Geração de Resposta**: Após processar o prompt, o modelo gera uma sequência de palavras (resposta) com base nas probabilidades de quais palavras vêm a seguir. Essa sequência é ajustada para ser gramaticalmente correta e coerente com o contexto do prompt.

   o **Exemplo Prático de Processamento**:

      ▪ **Prompt**: "Fale sobre a história da inteligência artificial."

      ▪ **Processamento**: O modelo quebra o prompt em tokens, identifica o contexto sobre "história" e "inteligência artificial", e gera uma resposta que descreve as origens da IA, desde os primeiros conceitos até os avanços atuais.

## 1.4 Tipos de Modelos de Linguagem e suas Capacidades

Os modelos de linguagem, como o GPT, possuem diferentes capacidades, dependendo de como foram treinados e do tipo de tarefa que podem realizar. Aqui estão alguns tipos comuns de modelos de linguagem:

- **Modelos Generativos**: Esses modelos são capazes de gerar texto a partir de qualquer prompt. Eles produzem respostas criativas e coesas, sendo ideais para tarefas como redação de artigos, geração de código, ou até mesmo composições literárias.

  - **Exemplo de Prompt para Modelo Generativo**: "Escreva um poema sobre o inverno."

  - **Resposta Esperada**: Um poema criativo e original que descreva cenas típicas do inverno, usando metáforas e outros recursos literários.

- **Modelos de Comando e Controle**: Modelos como assistentes virtuais (por exemplo, Siri, Alexa) são projetados para realizar ações específicas, como controlar dispositivos, responder perguntas factuais ou executar comandos de software.

  - **Exemplo de Prompt para Assistente Virtual**: "Ligue as luzes da sala."

  - **Resposta Esperada**: O assistente virtual executa a ação de ligar as luzes.

- **Modelos Multimodais**: Modelos como o CLIP ou DALL-E têm a capacidade de processar e gerar tanto texto quanto imagens. Eles são úteis em tarefas onde a IA precisa entender e responder com base em entradas multimodais (por exemplo, texto e imagem).

  - **Exemplo de Prompt para Modelo Multimodal**: "Crie uma imagem de um gato usando óculos de sol."

  - **Resposta Esperada**: O modelo gera uma imagem de um gato com óculos de sol.

**1.5 Como a Formulação do Prompt Impacta a Resposta?**

A maneira como o prompt é formulado tem um impacto direto na qualidade e na precisão da resposta gerada pela IA. Algumas dicas para uma formulação eficaz incluem:

- **Seja Claro e Específico**: Evite ambiguidades. Quanto mais específico for o prompt, mais relevante será a resposta. Por exemplo, em vez de pedir "Fale sobre IA", peça "Explique como a inteligência artificial pode ser aplicada na medicina para diagnóstico precoce de doenças."

- **Forneça Contexto**: Quando necessário, inclua contexto relevante para guiar a IA na resposta. Isso é especialmente importante para tarefas criativas ou analíticas.

    o **Exemplo de Prompt Claro**: "Escreva um artigo sobre como a IA está transformando o setor de saúde, com foco na personalização do tratamento de pacientes com câncer."

---

Esse capítulo fornece uma base sólida sobre o que são prompts, como são processados pelos modelos de IA e como você pode criar prompts eficazes para obter respostas precisas e relevantes.

---

# Capítulo 2: Estrutura de um Prompt Eficiente

Neste capítulo, vamos abordar como construir um prompt eficaz e eficiente. A formulação do prompt é crucial para garantir que o modelo de IA entenda corretamente o que você deseja e gere uma resposta útil e relevante. Vamos explorar os elementos essenciais que compõem um prompt bem-estruturado e como você pode utilizá-los para obter melhores resultados.

## 2.1 Elementos Essenciais de um Prompt

Um prompt eficiente não é apenas uma simples instrução. Ele deve ser claro, conciso e fornecer o contexto adequado para a IA gerar a resposta desejada.

Aqui estão os elementos-chave que você deve considerar ao construir um prompt:

1. **Clareza**: O prompt deve ser direto e fácil de entender. Evite termos ambíguos ou vagas instruções, pois isso pode levar a respostas irrelevantes ou imprecisas.

   o **Exemplo de Prompt Claro**: "Descreva os benefícios da energia solar para o meio ambiente."

   o **Exemplo de Prompt Ambíguo**: "Fale sobre a energia."

2. **Contexto**: Quando necessário, forneça informações de fundo para garantir que a IA entenda a situação ou o foco do prompt.

   o **Exemplo com Contexto**: "Explique como a energia solar pode ajudar a reduzir a dependência de combustíveis fósseis e combater as mudanças climáticas."

   o **Exemplo sem Contexto**: "Explique como a energia solar ajuda."

3. **Objetivo Claro**: Especifique o que você espera da IA. Isso ajuda a direcionar a resposta para um formato ou conteúdo específico.

   o **Exemplo com Objetivo Claro**: "Escreva um resumo de 300 palavras sobre os impactos ambientais da energia solar."

   o **Exemplo sem Objetivo Claro**: "Fale sobre energia solar."

4. **Detalhamento Adequado**: Certifique-se de incluir detalhes suficientes, mas sem sobrecarregar o prompt. A quantidade de detalhes pode variar dependendo do tipo de resposta que você deseja (curta, longa, técnica, criativa, etc.).

   o **Exemplo Detalhado**: "Escreva uma comparação entre energia solar e energia eólica, destacando os prós e contras de cada uma no contexto de sustentabilidade."

   o **Exemplo Sem Detalhes**: "Compare energia solar e eólica."

## 2.2 Como Formular um Prompt Claro e Objetivo

Um prompt bem formulado guia o modelo de IA de forma precisa, ajudando a gerar uma resposta relevante. Aqui estão algumas dicas para criar prompts claros e objetivos:

1. **Use uma linguagem simples e direta**: Evite jargões desnecessários ou termos excessivamente técnicos, a menos que seja relevante para a tarefa.

   o **Exemplo**: "Explique a importância da reciclagem de plástico para reduzir a poluição."

   o **Erro**: "Explique a relevância dos polímeros sintéticos na diminuição da poluição ambiental."

2. **Defina o formato da resposta**: Se você precisa de uma resposta específica (resumo, lista, explicação), peça isso diretamente.

   o **Exemplo de Prompt com Formato Definido**: "Liste 5 benefícios da meditação para a saúde mental."

   o **Exemplo de Prompt Vago**: "Fale sobre os benefícios da meditação."

3. **Seja conciso**: Embora os detalhes sejam importantes, evite tornar o prompt excessivamente longo. O modelo de IA pode ficar sobrecarregado com informações irrelevantes.

   o **Exemplo Conciso**: "Explique a teoria da evolução de Darwin em 150 palavras."

   o **Exemplo Excessivamente Longo**: "Explique, de forma detalhada, a teoria da evolução de Darwin, incluindo todos os seus conceitos principais e como isso influenciou a biologia moderna, em até 500 palavras."

## 2.3 Como Especificar Contextos e Detalhes

Adicionar contexto e detalhes ao seu prompt é fundamental para garantir que a IA compreenda exatamente o que você deseja. Isso é especialmente importante para tarefas que exigem conhecimento prévio ou uma perspectiva específica.

1. **Forneça um contexto relevante**: Se você estiver pedindo uma resposta sobre um tópico técnico ou específico, inclua informações de fundo que ajudem o modelo a contextualizar sua resposta.

   o **Exemplo de Prompt com Contexto**: "Explique o conceito de deep learning no contexto de redes neurais artificiais, mencionando a diferença entre redes neurais rasas e profundas."

   o **Exemplo de Prompt Sem Contexto**: "Explique deep learning."

2. **Detalhes sobre o público-alvo ou tom**: Se você deseja uma resposta direcionada a um público específico ou com um tom específico, inclua essa informação no prompt.

   o **Exemplo de Prompt com Tom Definido**: "Escreva um artigo técnico sobre segurança cibernética, direcionado a profissionais de TI."

   o **Exemplo de Prompt sem Tom Definido**: "Escreva sobre segurança cibernética."

## 2.4 Exemplos Práticos de Prompts Básicos

Aqui estão alguns exemplos de como transformar prompts básicos em prompts mais eficazes, utilizando os elementos discutidos:

1. **Exemplo 1:**

   o **Prompt Básico**: "Fale sobre redes neurais."

   o **Prompt Eficiente**: "Explique o que são redes neurais artificiais e como elas são usadas em tarefas de reconhecimento de imagem."

2. **Exemplo 2:**

   o **Prompt Básico**: "Fale sobre o aquecimento global."

   o **Prompt Eficiente**: "Descreva as principais causas do aquecimento global e seus impactos nos ecossistemas marinhos, incluindo exemplos recentes."

3. **Exemplo 3:**

   o **Prompt Básico**: "Como o software é desenvolvido?"

   o **Prompt Eficiente**: "Explique o ciclo de vida do desenvolvimento de software, incluindo as fases de análise de requisitos, design, implementação, testes e manutenção."

## 2.5 Como Melhorar a Qualidade dos Prompts com Iteração

A criação de um bom prompt muitas vezes envolve um processo iterativo. Você pode começar com um prompt simples e refiná-lo à medida que testa a resposta da IA, ajustando detalhes para melhorar a qualidade da interação.

1. **Primeira Versão do Prompt:**

   o **Prompt Inicial**: "Fale sobre a importância do planejamento financeiro."

   o **Resposta Inicial**: Pode ser vaga ou genérica.

2. **Refinamento do Prompt:**

   o **Prompt Refinado**: "Explique a importância do planejamento financeiro pessoal para a segurança a longo prazo, incluindo dicas práticas de como começar."

   o **Resposta Esperada**: A IA gera uma resposta mais focada e útil, com dicas práticas.

3. **Ajustes Adicionais**: Continue a refinar o prompt para tornar a resposta ainda mais precisa e útil, se necessário.

Este capítulo destacou a importância de construir prompts claros, concisos e bem contextualizados. Ao seguir essas diretrizes, você pode melhorar significativamente a qualidade das respostas geradas pela IA, tornando a interação mais eficaz e direcionada ao que você realmente precisa.

# Capítulo 3: Tipos de Prompts e Suas Aplicações

Neste capítulo, vamos explorar os diferentes tipos de prompts que você pode usar ao interagir com modelos de IA. Cada tipo de prompt tem uma aplicação específica, dependendo do que você deseja alcançar com o modelo. Vamos examinar os tipos mais comuns de prompts, como perguntas abertas, perguntas fechadas, instruções de ação e prompts criativos, além de suas melhores práticas e exemplos.

### 3.1 Prompts de Pergunta

**Definição**: Prompts de pergunta são usados quando você deseja obter uma resposta direta e objetiva da IA. Esse tipo de prompt pode ser tanto uma pergunta simples quanto uma mais elaborada, dependendo da complexidade da resposta que você deseja.

- **Exemplo de Pergunta Fechada**: "Qual é a capital da França?"

    o **Resposta Esperada**: "Paris"

    o *Explicação*: Este é um exemplo de pergunta fechada, onde a resposta é objetiva e específica.

- **Exemplo de Pergunta Aberta**: "Quais são os principais desafios enfrentados pelos líderes empresariais no cenário atual?"

- o **Resposta Esperada**: O modelo pode listar desafios como inovação tecnológica, gestão de equipes, sustentabilidade, entre outros.

- o *Explicação*: Aqui, o modelo oferece uma resposta mais ampla e interpretativa, baseada em sua compreensão do contexto.

**Aplicações**: Esse tipo de prompt é ideal para obter informações objetivas ou para estimular a IA a fornecer explicações detalhadas sobre um tópico específico.

### 3.2 Prompts de Instrução

**Definição:** Prompts de instrução são usados quando você deseja que a IA execute uma ação específica ou forneça uma resposta em um formato determinado. A instrução pode ser uma tarefa simples ou complexa, e o modelo de IA é direcionado a seguir esses passos ou formatos de maneira clara.

- **Exemplo de Instrução Simples**: "Liste os passos para criar um site usando WordPress."

  - o **Resposta Esperada**: O modelo gera uma lista com as etapas básicas, como escolher um domínio, hospedar o site, instalar o WordPress, escolher um tema, etc.

- **Exemplo de Instrução Complexa**: "Crie um resumo de 300 palavras sobre a história do Império Romano, destacando os principais eventos e figuras históricas."

  - o **Resposta Esperada**: O modelo gera um resumo conciso, abordando os principais marcos históricos e figuras como Júlio César e Augusto.

**Aplicações:** Prompts de instrução são ideais para quando você deseja que o modelo execute uma tarefa estruturada ou forneça uma resposta em um formato específico, como uma lista, resumo ou análise.

### 3.3 Prompts de Estímulo Criativo

**Definição**: Esses prompts têm como objetivo estimular a criatividade do modelo, fazendo-o gerar conteúdo original ou criativo. Eles são usados para atividades como redação criativa, geração de ideias ou qualquer tipo de trabalho que exija pensamento fora da caixa.

- **Exemplo de Prompt Criativo**: "Escreva um poema sobre a primavera, usando metáforas e personificação."

    o **Resposta Esperada**: O modelo gera um poema com elementos criativos, utilizando metáforas como "o vento dançava nas árvores" e personificação ao dizer "a primavera sorriu para o campo".

- **Exemplo de Prompt Criativo em Narrativa**: "Crie uma história curta sobre um robô que descobre o significado de amizade."

    o **Resposta Esperada**: O modelo cria uma história fictícia, com personagens e enredo, explorando a amizade de uma forma criativa.

**Aplicações**: Prompts criativos são ótimos para atividades como redação de ficção, criação de ideias para projetos, elaboração de histórias ou até mesmo para criar conteúdos artísticos como músicas e poesias.

### 3.4 Prompts de Análise ou Explicação

**Definição**: Esses prompts são usados quando você deseja que a IA forneça uma análise detalhada ou explicação sobre um determinado tópico. O modelo deve explicar, comparar ou analisar informações, evidências ou situações com base no seu conhecimento prévio.

- **Exemplo de Prompt de Análise**: "Analise os impactos da Revolução Industrial sobre a sociedade europeia no século XIX."

    o **Resposta Esperada**: O modelo fornece uma análise detalhada, abordando como a Revolução Industrial afetou a economia, as condições de trabalho e as relações sociais.

- **Exemplo de Prompt de Explicação**: "Explique a diferença entre aprendizado supervisionado e aprendizado não supervisionado."

  - **Resposta Esperada**: O modelo descreve as características dos dois tipos de aprendizado, como o uso de dados rotulados no supervisionado e a busca por padrões no não supervisionado.

**Aplicações**: Esses prompts são úteis quando você precisa que a IA forneça uma explicação clara, analise uma situação ou faça uma comparação entre dois ou mais conceitos.

## 3.5 Prompts de Persuasão ou Argumentação

**Definição**: Prompts de persuasão ou argumentação são usados quando você deseja que a IA construa um argumento sólido, defenda uma ideia ou convença alguém de um ponto de vista. Esse tipo de prompt requer que o modelo forneça uma justificativa ou razões que apoiem uma posição.

- **Exemplo de Prompt de Persuasão**: "Defenda a importância da educação a distância no mundo moderno, considerando os avanços tecnológicos e a acessibilidade."

  - **Resposta Esperada**: O modelo apresenta um argumento favorável à educação a distância, incluindo pontos sobre flexibilidade, acessibilidade e avanços tecnológicos que facilitam o aprendizado remoto.

- **Exemplo de Prompt de Argumentação**: "Argumente contra a ideia de que os carros autônomos podem ser uma solução segura para o trânsito urbano."

  - **Resposta Esperada**: O modelo fornece uma argumentação, destacando possíveis desafios como falhas tecnológicas, problemas éticos e o impacto no emprego.

**Aplicações**: Esses prompts são úteis para gerar debates, discussões ou discursos persuasivos. Eles podem ser usados em contextos acadêmicos, políticos ou em qualquer situação onde seja necessário defender um ponto de vista.

### 3.6 Prompts de Comparação

**Definição**: Prompts de comparação pedem ao modelo que compare dois ou mais elementos, destacando semelhanças e diferenças. Esses prompts são úteis quando você deseja entender como dois conceitos, produtos, eventos ou situações se comparam entre si.

- **Exemplo de Prompt de Comparação Simples**: "Compare a energia solar e a energia eólica em termos de custo e eficiência."

  - **Resposta Esperada**: O modelo compara os custos de instalação e operação das duas fontes de energia e as suas eficiências em diferentes contextos, como regiões com diferentes climas.

- **Exemplo de Prompt de Comparação Complexa**: "Compare os impactos econômicos e sociais da Revolução Francesa e da Revolução Industrial."

  - **Resposta Esperada**: O modelo aborda as semelhanças e diferenças nas mudanças econômicas, sociais e políticas causadas por cada revolução.

**Aplicações**: Esses prompts são ideais para quando você deseja entender as diferenças e semelhanças entre conceitos, eventos, produtos ou ideias. Eles ajudam a esclarecer como elementos se inter-relacionam.

### 3.7 Como Escolher o Tipo de Prompt Certo?

A escolha do tipo de prompt depende do objetivo da interação com a IA. Para decidir qual tipo usar, considere:

1. **Qual é o objetivo da resposta?** Se você precisa de uma resposta objetiva, uma pergunta fechada pode ser adequada. Se a tarefa requer criatividade, use um prompt criativo.

2. **Qual é o nível de detalhe necessário?** Se você precisa de uma análise profunda ou uma explicação detalhada, opte por prompts de análise.

3. **Qual formato de resposta você deseja?** Se você precisa de uma lista ou um resumo, use prompts de instrução.

---

Este capítulo explicou os diferentes tipos de prompts e suas aplicações, oferecendo exemplos práticos para ajudá-lo a escolher o tipo de prompt certo para suas necessidades. Ao compreender os tipos de prompts e como aplicá-los corretamente, você pode maximizar a eficácia da interação com os modelos de IA e obter melhores resultados.

---

# Capítulo 4: Técnicas Avançadas de Engenharia de Prompts

Este capítulo explora técnicas avançadas para refinar e otimizar seus prompts, permitindo que você obtenha resultados mais precisos, criativos e úteis. Vamos aprofundar nos métodos de aprimoramento de prompts, como uso de contextos e exemplos, divisão de tarefas complexas, e abordagens como o prompt chaining e o few-shot learning. A aplicação dessas técnicas pode transformar interações básicas com modelos de IA em respostas altamente relevantes e direcionadas.

## 4.1 Uso de Contextos e Exemplos

**Definição:** Incluir contexto e exemplos no seu prompt é uma técnica avançada que ajuda o modelo a compreender melhor a tarefa, proporcionando uma base mais sólida para a resposta. O contexto pode ser uma explicação adicional sobre o problema ou uma descrição do formato desejado para a resposta. Os exemplos fornecem ao modelo uma referência direta sobre o estilo ou estrutura da resposta esperada.

- **Exemplo de Prompt com Contexto e Exemplos:**

- Contexto: "Você é um especialista em educação financeira e vai explicar o conceito de orçamento doméstico."

- Prompt: "Explique o que é um orçamento doméstico, fornecendo exemplos de categorias de gastos e estratégias para controlar despesas."

- Exemplo Esperado: O modelo gera uma resposta estruturada, com categorias de gastos (moradia, alimentação, lazer, etc.) e estratégias de controle (como a utilização de planilhas ou aplicativos de orçamento).

- **Exemplo com Contexto e Exemplos de Estilo:**

  - Contexto: "Você é um escritor de ficção científica e está criando um novo universo para uma história."

  - Exemplo: "O planeta Gorthus é uma terra de tempestades incessantes e vegetação luminescente. Escreva uma breve descrição de como os habitantes interagem com o ambiente."

  - Resposta Esperada: O modelo gera uma descrição detalhada do ambiente e das interações dos habitantes com ele, usando um estilo narrativo característico da ficção científica.

**Aplicações:** Usar contexto e exemplos é particularmente útil quando você deseja um estilo ou tom específico, ou quando a tarefa exige que o modelo compreenda um cenário ou conjunto de informações complexas.

## 4.2 Divisão de Tarefas Complexas (Chunking)

**Definição:** A divisão de tarefas complexas, ou "chunking", é a técnica de quebrar uma solicitação ampla em várias partes menores e gerenciáveis. Isso ajuda a IA a se concentrar em uma tarefa de cada vez, aumentando a precisão e a clareza da resposta final.

- **Exemplo de Prompt Chunking:**

- Tarefa Complexa: "Explique como criar um aplicativo mobile completo, incluindo planejamento, design, desenvolvimento e lançamento."

- Divisão da Tarefa:
    1. "Primeiro, descreva o planejamento necessário para criar um aplicativo mobile."
    2. "Em seguida, explique os principais aspectos do design de um aplicativo mobile."
    3. "Depois, fale sobre o processo de desenvolvimento de um aplicativo mobile."
    4. "Por fim, explique os passos necessários para o lançamento de um aplicativo mobile."

- Resposta Esperada: O modelo irá responder a cada parte da tarefa separadamente, oferecendo uma visão detalhada e organizada de cada etapa do processo.

Aplicações: Essa técnica é útil para questões que envolvem múltiplos aspectos ou etapas, como guias de passo a passo, tutoriais complexos ou tarefas que requerem análises em diferentes níveis.

## 4.3 Prompt Chaining (Encadeamento de Prompts)

Definição: O prompt chaining envolve o uso de uma sequência de prompts interligados. Em vez de pedir uma única resposta para uma tarefa complexa, você quebra o processo em uma série de interações. Cada nova interação depende da resposta anterior, permitindo que a IA refine suas respostas com base nas informações fornecidas ao longo da cadeia.

- Exemplo de Prompt Chaining:

    - Primeiro Prompt: "Descreva os principais eventos da Revolução Francesa."

- Resposta Esperada: O modelo lista os eventos-chave, como a Queda da Bastilha, a execução de Luís XVI, etc.

- Segundo Prompt: "Como esses eventos afetaram a política e economia da França na época?"

- Resposta Esperada: O modelo faz uma análise da transformação política e econômica, referenciando os eventos mencionados no primeiro prompt.

Aplicações: O prompt chaining é ideal para tópicos ou tarefas que exigem um desenvolvimento gradual de informações, como a resolução de problemas complexos ou a análise aprofundada de um tópico.

### 4.4 Few-Shot Learning (Aprendizado com Poucos Exemplos)

Definição: O few-shot learning é uma técnica que permite treinar um modelo de IA com um número reduzido de exemplos, ao invés de um grande volume de dados. Ao usar esta técnica, você fornece alguns exemplos de como a tarefa deve ser executada, e o modelo usa esses exemplos para gerar respostas mais precisas, mesmo com informações limitadas.

- **Exemplo de Few-Shot Learning:**

  - Tarefa: "Classifique os seguintes trechos de texto como 'positivo' ou 'negativo'."

  - Exemplo 1: "Este produto superou todas as minhas expectativas!" → **Positivo**

  - Exemplo 2: "A entrega foi atrasada e o serviço não foi bom." → **Negativo**

  - Prompt: "Agora classifique o seguinte comentário: 'A qualidade do serviço é excelente, mas a entrega demorou um pouco.'"

  - Resposta Esperada: "Positivo"

o *Explicação*: Mesmo com apenas dois exemplos, o modelo consegue aprender a classificar corretamente outros trechos de texto.

**Aplicações**: O few-shot learning é útil quando você não tem uma grande quantidade de dados ou exemplos, mas ainda precisa que o modelo execute tarefas com precisão. É uma técnica poderosa quando aplicada corretamente, especialmente em tarefas de classificação ou análise de texto.

### 4.5 Utilizando Metainformação para Refinamento de Respostas

**Definição**: A metainformação refere-se a adicionar informações extras ao seu prompt para refinar ainda mais a resposta que você deseja da IA. Isso pode incluir instruções sobre o estilo, tom, público-alvo ou outros aspectos do conteúdo gerado.

- **Exemplo de Prompt com Metainformação**:

    o **Prompt**: "Explique o conceito de aprendizado de máquina de forma simples, como se estivesse explicando para uma criança de 10 anos."

    o **Resposta Esperada**: O modelo utiliza um tom acessível e simplificado, explicando o aprendizado de máquina como um processo em que "o computador aprende com exemplos, assim como você aprende a andar de bicicleta vendo os outros fazerem."

- **Exemplo de Prompt com Metainformação de Estilo**:

    o **Prompt**: "Escreva um artigo sobre inteligência artificial com um tom formal e técnico, adequado para um público acadêmico."

    o **Resposta Esperada**: O modelo gera um texto mais técnico, com vocabulário específico da área e uma estrutura mais formal.

**Aplicações**: Usar metainformação é particularmente útil quando você precisa que a IA se comunique de uma maneira específica, seja adaptando o tom ou o estilo de acordo com o público ou o formato exigido.

## 4.6 Exemplos Práticos de Técnicas Avançadas

1. **Técnica: Uso de Contexto e Exemplos**

   o **Prompt**: "Explique a teoria da relatividade de Einstein de maneira acessível para um público leigo, utilizando uma analogia simples."

   o **Resposta Esperada**: O modelo cria uma explicação usando uma analogia acessível, como comparar o espaço-tempo com uma folha de borracha esticada.

2. **Técnica: Chunking (Divisão de Tarefas Complexas)**

   o **Prompt**: "Explique como construir um site: 1) planeje o layout, 2) escolha uma plataforma, 3) defina o conteúdo."

   o **Resposta Esperada**: O modelo responde a cada etapa separadamente, detalhando o planejamento, a escolha da plataforma e a criação do conteúdo.

3. **Técnica: Prompt Chaining**

   o **Prompt**: "Quais são as causas da Primeira Guerra Mundial?" (Resposta)

   o **Seguindo com**: "Como essas causas levaram ao envolvimento das principais potências europeias?"

   o **Resposta Esperada**: O modelo vai expandindo gradualmente a explicação, levando em consideração as causas e seus efeitos.

## 4.7 Conclusão

As técnicas avançadas de engenharia de prompts permitem maior controle sobre as respostas geradas pelos modelos de IA melhorando a relevância, clareza e profundidade do conteúdo. Ao entender e aplicar essas técnicas, você poderá otimizar suas interações com a IA e atingir seus objetivos com mais eficácia.

Com o domínio dessas estratégias, você estará bem equipado para enfrentar tarefas mais complexas, extrair insights mais profundos e obter respostas mais precisas e relevantes.

---

Este capítulo explicou as técnicas avançadas para otimizar e refinar os prompts. Ao implementar essas estratégias, você pode melhorar significativamente a qualidade das respostas geradas pela IA alcançando resultados mais eficazes e personalizados.

---

# Capítulo 5: Desafios Comuns e Como Superá-los na Engenharia de Prompts

Neste capítulo, vamos explorar os principais desafios enfrentados na engenharia de prompts ao interagir com modelos de IA. Entender esses obstáculos é essencial para que você possa superá-los de maneira eficaz e melhorar a precisão e relevância das respostas que obtém da IA. Também discutiremos as melhores práticas e técnicas para mitigar esses problemas.

### 5.1 Ambiguidade nos Prompts

**Definição**: A ambiguidade ocorre quando um prompt não é claro o suficiente, levando a múltiplas interpretações ou resultados imprecisos. Isso pode acontecer devido ao uso de termos vagos, falta de contexto ou a ausência de informações essenciais.

- **Exemplo de Prompt Ambíguo:**
  "Fale sobre o mercado."
    - **Problema**: A IA pode não saber se você está se referindo ao mercado financeiro, mercado de trabalho, mercado de consumo, ou outro tipo de mercado.

- o **Resultado Esperado**: Resposta vaga ou desconexa, que não atenda à sua necessidade específica.

- **Como Superar**:
  Seja o mais específico possível no seu prompt, fornecendo contexto adicional quando necessário.

  - o **Exemplo de Prompt Claro**:
    "Fale sobre o mercado financeiro atual, abordando as principais tendências de investimento em 2024."

    - **Resultado Esperado**: A IA oferece uma resposta focada nas tendências do mercado financeiro, como investimentos em ações e criptomoedas.

**Aplicações**: Evitar a ambiguidade é crucial quando você deseja que a IA forneça informações detalhadas e direcionadas. Quanto mais claro e específico for o seu prompt, melhor será a resposta.

## 5.2 Limitações de Conhecimento do Modelo

**Definição**: Os modelos de IA têm limites em seu conhecimento, especialmente em relação a eventos e dados atualizados. Isso pode resultar em respostas imprecisas ou desatualizadas, principalmente em tópicos que envolvem informações novas ou muito específicas.

- **Exemplo de Prompt com Limitação de Conhecimento**:
  "Qual é o último lançamento do modelo Tesla 2024?"

  - o **Problema**: A IA pode não ter acesso a informações atualizadas em tempo real, principalmente após a sua data de treinamento. Ela pode fornecer informações desatualizadas ou incorretas.

- **Como Superar**:
  Reconheça que os modelos de IA podem não ter as informações mais recentes e, quando necessário, consulte fontes externas para complementar a resposta.

- o **Exemplo de Prompt com Limitação Reconhecida**: "Quais foram as tendências de carros elétricos até 2023, e quais inovações eram esperadas para o futuro?"
  - **Resultado Esperado**: A IA fornece uma análise das tendências e inovações até 2023, com base no seu conhecimento.

**Aplicações**: Esse desafio é especialmente importante em áreas que mudam rapidamente, como tecnologia, ciência ou política. Certifique-se de ajustar o prompt de acordo com as limitações do modelo.

### 5.3 Respostas Superficiais ou Genéricas

**Definição**: Quando um modelo de IA responde de forma superficial ou genérica, isso pode ser causado por prompts que não fornecem informações ou contexto suficientes para gerar uma resposta profunda ou detalhada.

- **Exemplo de Prompt Genérico**: "Explique o impacto das redes sociais."
  - o **Problema**: A IA pode dar uma resposta muito ampla e superficial, como: "As redes sociais têm um grande impacto na sociedade."
  - o **Resultado Esperado**: Resposta vaga sem detalhes ou nuances.

- **Como Superar**: Para obter respostas mais aprofundadas, forneça informações adicionais, defina um escopo claro e, se necessário, solicite exemplos ou análises.
  - o **Exemplo de Prompt Claro e Detalhado**: "Explique o impacto das redes sociais no comportamento de compra dos consumidores, destacando as principais mudanças nos últimos cinco anos."
    - **Resultado Esperado**: A IA oferece uma análise mais focada, detalhando como as redes sociais influenciam

as decisões de compra, com exemplos de estratégias de marketing e mudanças de comportamento.

**Aplicações**: Quando você precisa de uma resposta mais detalhada ou específica, é importante orientar a IA para um tema ou perspectiva mais estreita, evitando temas amplos e vagos.

## 5.4 Frases Complexas ou Ambíguas

**Definição**: O uso de frases complexas ou ambíguas no seu prompt pode dificultar a compreensão da IA, resultando em respostas imprecisas. Isso é especialmente importante em tarefas que exigem uma interpretação clara de sua solicitação.

- **Exemplo de Frase Complexa e Ambígua**:
  "Disserte sobre os principais conceitos da psicologia que influenciam as decisões de consumo, sem se esquecer das teorias sobre comportamento social e emocional, considerando as implicações econômicas e culturais."

    o **Problema**: A IA pode se sentir sobrecarregada e fornecer uma resposta confusa ou sem foco.

- **Como Superar**:
  Simplifique a estrutura do seu prompt e divida-o em partes menores e mais gerenciáveis.

    o **Exemplo de Prompt Simplificado**:
      "Fale sobre como as teorias psicológicas influenciam as decisões de consumo. Em seguida, explique como o comportamento social e emocional afeta as escolhas dos consumidores."

        ▪ **Resultado Esperado**: A IA lida com as partes separadas e fornece respostas mais focadas e claras.

**Aplicações**: Ao lidar com tópicos complexos, é fundamental usar frases claras e concisas, dividindo questões em segmentos fáceis de abordar.

## 5.5 Tendência a Respostas Previsíveis ou Comuns

**Definição**: Muitas vezes, os modelos de IA geram respostas previsíveis ou comuns, especialmente se o prompt for genérico ou se a IA tiver sido treinada com dados amplamente disponíveis. Isso pode levar a respostas que não adicionam valor significativo ou novas perspectivas.

- **Exemplo de Prompt Previsível:**
  "Fale sobre os benefícios da meditação."

  - **Problema**: A IA pode gerar uma resposta previsível, como: "A meditação ajuda a reduzir o estresse e melhora a saúde mental."

  - **Resultado Esperado**: Uma resposta que não apresenta novas informações ou insights profundos.

- **Como Superar:**
  Para evitar respostas comuns, faça perguntas mais específicas ou peça por uma análise mais aprofundada, com base em pesquisas ou casos específicos.

  - **Exemplo de Prompt Específico:**
    "Explique como a meditação pode afetar a neurociência, incluindo estudos recentes sobre os efeitos no cérebro e na redução do estresse crônico."

    - **Resultado Esperado**: A IA fornece uma resposta mais detalhada, com referência a estudos científicos e informações específicas.

**Aplicações**: Esse desafio é superado ao refinar seu prompt para explorar áreas menos abordadas ou pedir análises mais profundas e personalizadas.

## 5.6 Como Superar os Desafios Comuns: Dicas e Melhores Práticas

1. **Seja Específico**: Quanto mais detalhes você fornecer no seu prompt, maior será a probabilidade de obter uma resposta precisa. Evite generalizações e ofereça contexto quando necessário.

2.  **Teste e Ajuste**: Se a resposta não for satisfatória, ajuste o prompt e tente novamente. A interação com modelos de IA pode exigir tentativa e erro.

3.  **Divida Tarefas Complexas**: Se o assunto for complexo, divida-o em partes menores e forneça etapas claras para a IA seguir.

4.  **Use Exemplos**: Forneça exemplos claros de como você deseja que a resposta seja estruturada. Isso ajuda a IA a entender melhor a tarefa.

5.  **Considere Limitações de Conhecimento**: Lembre-se de que os modelos de IA podem não ter informações atualizadas. Quando necessário, forneça informações temporais no prompt para ajustar as expectativas.

6.  **Simplifique o Linguajar**: Evite frases complexas e simplifique sua solicitação para que a IA possa entender facilmente.

## 5.7 Conclusão

Entender e superar os desafios comuns na engenharia de prompts é essencial para obter as melhores respostas possíveis de um modelo de IA. Ao aplicar as técnicas e melhores práticas discutidas neste capítulo, você poderá evitar respostas ambíguas, superficiais ou imprecisas, e obter resultados mais eficazes e relevantes. A chave para melhorar as interações com a IA é refinar constantemente os prompts, considerando as limitações do modelo e ajustando suas solicitações conforme necessário.

Este capítulo abordou os principais desafios encontrados na engenharia de prompts, oferecendo soluções e exemplos para superá-los. Ao aplicar essas estratégias, você poderá aprimorar suas interações com a IA, resultando em respostas mais precisas, criativas e úteis.

# Capítulo 6: Otimização de Prompts para Maximizar Resultados

Neste capítulo, exploraremos como otimizar prompts para obter os melhores resultados possíveis ao interagir com sistemas de inteligência artificial. A otimização de prompts é uma habilidade essencial para maximizar a precisão, relevância e criatividade das respostas da IA. Vamos discutir técnicas para melhorar a eficácia dos prompts, evitando respostas genéricas e garantindo que a IA forneça respostas mais precisas e detalhadas.

## 6.1 O que é Otimização de Prompts?

**Definição**: A otimização de prompts é o processo de ajustar e melhorar as instruções dadas à IA para alcançar os resultados desejados com maior precisão e relevância. Isso envolve a escolha cuidadosa das palavras e a estruturação dos prompts de maneira que guiem a IA de forma mais eficiente.

- **Objetivo**: Garantir que o modelo de IA entenda claramente o que se espera dele e que as respostas sejam adaptadas ao contexto e à necessidade do usuário.

## 6.2 Técnicas para Otimizar Prompts

Aqui estão algumas técnicas importantes que você pode usar para otimizar seus prompts:

- **Seja Específico e Claro**: Quanto mais específico for o seu prompt, mais detalhada será a resposta da IA. A clareza é fundamental para evitar respostas vagas ou fora de contexto.

    o **Exemplo Prático:**

        ▪ **Prompt Genérico**: "Fale sobre IA."

        ▪ **Prompt Otimizado**: "Explique como a inteligência artificial pode ser usada no setor de saúde para melhorar o diagnóstico precoce de doenças."

A versão otimizada fornece um contexto mais claro, resultando em uma resposta mais focada.

- **Use Exemplos**: Incluir exemplos no seu prompt ajuda a IA a entender o formato e o estilo da resposta desejada.

  - **Exemplo Prático:**

    - **Prompt Genérico**: "Escreva um poema."

    - **Prompt Otimizado**: "Escreva um poema no estilo de William Wordsworth sobre a beleza da natureza, incluindo a imagem de uma montanha e o som de um riacho."

O exemplo dado permite que a IA entenda melhor o estilo e o tema desejados.

- **Limite o Escopo**: Ao definir claramente o escopo da resposta, você pode evitar respostas muito amplas ou irrelevantes.

  - **Exemplo Prático:**

    - **Prompt Genérico**: "Explique a física."

    - **Prompt Otimizado**: "Explique os princípios básicos da física quântica, com foco na dualidade onda-partícula."

O prompt otimizado especifica o tema e limita a explicação, o que resulta em uma resposta mais precisa.

- **Use Formatação e Estrutura**: A formatação clara pode ajudar a IA a entender melhor o que é esperado na resposta. Se for necessário um formato específico, inclua essa informação no prompt.

  - **Exemplo Prático:**

    - **Prompt Genérico**: "Descreva os tipos de inteligência."

    - **Prompt Otimizado**: "Liste e descreva brevemente os 3 tipos principais de inteligência segundo a teoria das múltiplas inteligências de Howard Gardner: linguística, lógico-matemática e espacial."

O uso de uma lista estruturada facilita para a IA entender o formato desejado.

**6.3 Estratégias para Obter Resultados de Alta Qualidade**

- **Divida Tarefas Complexas em Passos Menores**: Se o prompt envolve uma tarefa complexa, considere dividir a questão em várias partes. Isso facilita para a IA lidar com cada aspecto de maneira mais eficiente.

  - **Exemplo Prático**:
    - **Prompt Genérico**: "Crie um plano de negócios."
    - **Prompt Otimizado**: "Crie um plano de negócios para uma startup de IA. Primeiro, descreva a missão e visão da empresa. Depois, faça uma análise de mercado. Finalmente, forneça uma projeção financeira para os primeiros 3 anos."

Dividir a tarefa em etapas claras permite respostas mais organizadas e detalhadas.

- **Faça Perguntas Diretas**: Perguntas abertas podem gerar respostas genéricas. Em vez disso, formule perguntas diretas para guiar a IA a fornecer respostas mais focadas.

  - **Exemplo Prático**:
    - **Prompt Genérico**: "O que você sabe sobre o clima?"
    - **Prompt Otimizado**: "Quais são os principais fatores que influenciam o clima da região amazônica?"

A versão otimizada é mais direcionada e resulta em uma resposta mais precisa e relevante.

- **Peça Justificativas e Detalhes**: Se você precisar de uma resposta mais aprofundada, peça para a IA justificar ou detalhar suas respostas. Isso aumenta a profundidade da interação.

  - **Exemplo Prático**:

- **Prompt Genérico**: "Quais são as vantagens da energia solar?"

- **Prompt Otimizado**: "Quais são as 3 principais vantagens da energia solar para a sustentabilidade ambiental? Justifique cada uma delas com exemplos."

Ao pedir justificativas, você obtém respostas mais detalhadas e bem fundamentadas.

## 6.4 Ajustando o Tom e Estilo da Resposta

A otimização de prompts não se refere apenas ao conteúdo da resposta, mas também ao tom e estilo. Você pode ajustar o tom da IA para que ela produza respostas formais, informais, persuasivas ou técnicas, dependendo do seu objetivo.

- **Exemplo Prático**:

  o **Prompt Genérico**: "Explique o que é aprendizado de máquina."

  o **Prompt Otimizado (formal)**: "Forneça uma explicação técnica sobre o conceito de aprendizado de máquina, com foco em suas principais técnicas e aplicações."

  o **Prompt Otimizado (informal)**: "Pode me explicar o que é aprendizado de máquina de uma forma simples, como se eu fosse um iniciante?"

Dependendo do tom solicitado, a IA ajustará sua resposta para ser mais técnica ou mais acessível.

## 6.5 Erros Comuns ao Criar Prompts e Como Evitá-los

- **Ser Muito Vago ou Genérico**: Prompts genéricos resultam em respostas igualmente genéricas, que podem não ser úteis ou precisas. Sempre busque ser claro e específico.

  o **Exemplo de erro**: "Fale sobre o futuro."

- **Correção**: "Explique como as tecnologias emergentes, como IA e blockchain, podem impactar a economia global nos próximos 10 anos."

- **Falta de Contexto**: Se você não fornecer contexto adequado, a IA pode não entender o cenário e gerar respostas inadequadas.

  - **Exemplo de erro**: "Quais são as vantagens da tecnologia?"

  - **Correção**: "Quais são as vantagens da tecnologia de blockchain no setor financeiro, especialmente em relação à segurança e transparência?"

- **Instruções Ambíguas**: Evite usar palavras ou frases ambíguas que podem ser interpretadas de diversas maneiras. Seja claro no que você deseja.

  - **Exemplo de erro**: "Fale sobre inteligência."

  - **Correção**: "Explique as 3 principais teorias sobre inteligência humana e suas implicações para a educação."

### 6.6 Testando e Refinando Prompts

A otimização de prompts é um processo iterativo. Após testar um prompt e obter uma resposta, avalie se ela atende às suas necessidades. Caso contrário, refine o prompt até atingir o resultado esperado. A IA pode fornecer resultados diferentes a partir de pequenas variações nos prompts, então a experimentação é uma chave para o sucesso.

- **Exemplo Prático:**

  - **Primeiro Teste**: "Explique a teoria da relatividade."

  - **Resultado**: Resposta muito vaga e genérica.

  - **Refinamento**: "Explique a teoria da relatividade de Einstein, com ênfase nas diferenças entre a relatividade restrita e a geral."

o  **Resultado Esperado**: Uma resposta mais detalhada e precisa, abordando os conceitos específicos.

## 6.7 Conclusão

A otimização de prompts é uma habilidade essencial para obter resultados mais eficazes e relevantes ao trabalhar com IA. Ao ser específico, usar exemplos, estruturar corretamente os pedidos e ajustar o tom e estilo da resposta, você pode maximizar o potencial da IA em suas interações. Além disso, a prática constante e a análise dos resultados ajudam a refinar seus prompts, tornando suas interações mais eficientes e precisas.

Neste capítulo, abordamos as principais estratégias e técnicas para otimizar seus prompts. Com essas ferramentas, você poderá alcançar respostas mais precisas, criativas e relevantes, aplicando a engenharia de prompts em uma variedade de cenários.

---

Este capítulo forneceu uma base sólida para entender a importância da otimização de prompts e como utilizá-la para maximizar a eficácia das suas interações com IA.

---

# Capítulo 7: Testes e Validação de Prompts

No capítulo anterior, abordamos como otimizar seus prompts para maximizar os resultados obtidos com IA. Agora, vamos explorar o processo de testar e validar esses prompts, que é fundamental para garantir que você está obtendo as respostas desejadas. O teste e a validação ajudam a identificar quais ajustes são necessários para melhorar a precisão, clareza e relevância das respostas da IA.

## 7.1 O que é Teste e Validação de Prompts?

**Definição**: O teste e validação de prompts referem-se ao processo de avaliar a eficácia dos prompts criados para garantir que eles produzam os resultados desejados, com precisão e relevância. Esse processo envolve a execução de uma série de testes para avaliar a resposta da IA a diferentes variações de prompts.

- **Objetivo**: Validar se os prompts estão realmente entregando o tipo de resposta esperada e fazer ajustes para melhorar a qualidade da interação com a IA.

## 7.2 A Importância de Testar e Validar Prompts

Antes de implementar um prompt em um projeto real ou usá-lo de forma recorrente, é crucial realizar testes para:

- **Verificar a Clareza**: Certifique-se de que a IA entenda completamente o que está sendo pedido. Um prompt mal estruturado pode gerar respostas imprecisas ou irrelevantes.

- **Avaliar a Qualidade das Respostas**: Teste se as respostas fornecidas são suficientemente detalhadas, completas e no tom desejado.

- **Ajustar a Precisão**: Refinar os prompts para tornar as respostas mais específicas e alinhadas com os objetivos do usuário.

- **Reduzir Ambiguidade**: Identificar e eliminar pontos de ambiguidade nos prompts, que podem levar a interpretações equivocadas.

## 7.3 Como Realizar Testes de Prompts

Para realizar testes eficazes, siga estas etapas:

1. **Defina os Objetivos do Teste**: O primeiro passo é entender claramente o que você espera do teste. O objetivo pode ser, por exemplo, verificar a precisão, a relevância ou a profundidade da resposta.

   o **Exemplo**: Se o seu objetivo for testar a clareza, seu objetivo é verificar se a IA compreendeu corretamente o prompt e forneceu uma resposta que esteja em sintonia com o que foi solicitado.

2. **Crie Variações do Prompt**: Teste diferentes versões do mesmo prompt. Variações podem ser feitas alterando palavras, adicionando detalhes ou mudando o formato da pergunta.

  o **Exemplo Prático**:

    - **Versão 1**: "Explique os benefícios da energia solar."

    - **Versão 2**: "Quais são os 5 principais benefícios da energia solar para o meio ambiente?"

    - **Versão 3**: "Como a energia solar pode impactar positivamente o meio ambiente, especialmente na redução de emissões de carbono?"

3. **Execute os Testes**: Use as variações do prompt em sua ferramenta de IA e colete as respostas. Cada versão do prompt deve ser testada separadamente.

4. **Avalie as Respostas**: Analise as respostas obtidas para determinar qual versão do prompt gerou os melhores resultados. Considere critérios como clareza, profundidade, relevância e tom.

  o **Exemplo Prático**: Se a versão 3 gerou uma resposta mais completa e detalhada, enquanto a versão 1 gerou uma resposta muito superficial, a versão 3 seria a mais eficaz.

5. **Ajuste e Refine os Prompts**: Com base nos resultados dos testes, refine seus prompts para melhorar a qualidade das respostas. Isso pode envolver a remoção de ambiguidades ou a inclusão de mais detalhes no pedido.

## 7.4 Técnicas de Validação de Prompts

A validação de prompts é uma parte crítica do processo de engenharia de prompts. Ela garante que os ajustes feitos nos prompts realmente tragam os resultados desejados. Aqui estão algumas técnicas de validação eficazes:

- **Validação por Iteração**: Faça ajustes nos prompts, teste-os e valide-os várias vezes até atingir o resultado ideal. A melhoria contínua é essencial.

  - **Exemplo Prático**: Após testar o primeiro prompt, você pode identificar uma área que precisa de mais contexto. Ajuste o prompt e teste novamente para ver se o resultado melhora.

- **Teste de Conformidade**: Valide se as respostas estão de acordo com o escopo e os parâmetros definidos no prompt. Isso ajuda a garantir que a IA esteja fornecendo exatamente o que foi pedido.

  - **Exemplo Prático**: Se você pedir uma explicação técnica sobre uma teoria científica, verifique se a IA não está fornecendo uma explicação simplificada ou imprecisa.

- **Validação com Caso de Uso Real**: Simule um caso de uso real para verificar se o prompt atende às necessidades do usuário final. Isso ajuda a validar se a interação com a IA é realmente útil em um cenário prático.

  - **Exemplo Prático**: Se você está criando um prompt para ser usado em uma ferramenta de atendimento ao cliente, simule um cliente real interagindo com a IA para garantir que o prompt gere respostas relevantes e precisas.

## 7.5 Ferramentas para Testar e Validar Prompts

Algumas ferramentas podem ser muito úteis para testar e validar seus prompts de forma mais eficiente. Aqui estão algumas opções:

- **ChatGPT (ou outro modelo de IA)**: Uma das ferramentas mais fáceis e acessíveis para testar prompts, pois você pode rapidamente testar variações e obter respostas em tempo real.

- **Plataformas de AI como OpenAI Playground, Hugging Face**: Ferramentas como estas permitem que você interaja com modelos de

IA em um ambiente controlado, facilitando a avaliação de diferentes respostas.

- **Testes Automatizados**: Em casos mais avançados, você pode criar scripts de teste automatizados que enviam prompts para a IA e coletam as respostas de forma sistemática, o que pode ser útil para validar grandes quantidades de dados.

## 7.6 Lidando com Respostas Inadequadas ou Irrelevantes

Durante os testes, é comum que algumas respostas não atendam às suas expectativas. Aqui estão algumas estratégias para melhorar esses resultados:

- **Ajuste a Estrutura do Prompt**: Se a resposta foi vaga ou irrelevante, tente reestruturar o prompt para ser mais direto ou mais específico.

    o **Exemplo Prático**:

        - **Prompt Inadequado**: "Fale sobre a tecnologia."

        - **Resposta Irrelevante**: "A tecnologia envolve vários campos e evolui constantemente."

        - **Prompt Ajustado**: "Explique os principais tipos de tecnologia utilizados em dispositivos móveis, com foco nas tecnologias de conectividade e processadores."

- **Revise o Contexto**: Se a IA não forneceu a resposta correta, revise o contexto dado no prompt. Certifique-se de que todos os detalhes necessários foram incluídos para que a IA entenda claramente o que está sendo solicitado.

- **Use Perguntas de Follow-up**: Se a resposta inicial não for satisfatória, forneça mais informações ou faça perguntas de follow-up para esclarecer e obter detalhes adicionais.

    o **Exemplo Prático**:

        - **Resposta Inadequada**: "A IA pode ser útil em muitas áreas."

- **Follow-up**: "Quais são os principais exemplos de uso de IA no setor de saúde?"

## 7.7 Exemplos de Testes e Validação de Prompts

- **Exemplo 1: Prompt**: "Fale sobre as vantagens do uso de IA na educação."

  - **Teste 1**: O modelo gera uma resposta muito vaga, dizendo apenas que a IA pode ajudar em muitas áreas.

  - **Ajuste**: "Explique como a IA pode ser utilizada para personalizar a experiência de aprendizado, focando em exemplos específicos de aplicativos educacionais."

  - **Teste 2**: A resposta é mais detalhada e foca em exemplos práticos, como sistemas de tutoria inteligente.

- **Exemplo 2: Prompt**: "Explique o processo de fermentação."

  - **Teste 1**: A IA fornece uma explicação geral sobre fermentação sem detalhes.

  - **Ajuste**: "Explique o processo de fermentação alcoólica, mencionando as etapas bioquímicas e as condições necessárias para que ocorra."

  - **Teste 2**: A resposta se torna mais específica, cobrindo as etapas detalhadas da fermentação alcoólica.

## 7.8 Conclusão

O teste e a validação de prompts são etapas essenciais no processo de engenharia de prompts para garantir que você obtenha os melhores resultados da IA. A prática constante de testar variações, avaliar respostas e refinar os prompts ajuda a maximizar a eficácia da interação com os modelos de IA. Com os métodos e exemplos apresentados neste capítulo, você estará mais preparado para criar prompts otimizados que atendam às suas necessidades e expectativas.

Este capítulo detalhou as melhores práticas para testar e validar prompts, fornecendo uma base sólida para garantir que você esteja sempre recebendo as respostas mais precisas e relevantes da IA.

## Capítulo 8: Aplicações Avançadas da Engenharia de Prompts

Neste capítulo, exploraremos algumas das aplicações avançadas da engenharia de prompts, abordando como você pode utilizar essa habilidade em diferentes contextos e áreas de atuação, obtendo resultados mais eficazes e personalizados. Através de exemplos práticos, explicaremos como estruturar prompts para casos específicos, incluindo criação de conteúdo, automação, análise de dados e até mesmo treinamento de modelos de IA.

### 8.1 Engenharia de Prompts para Geração Criativa de Conteúdo

**Definição**: A geração criativa de conteúdo envolve a utilização de IA para criar textos, imagens, músicas ou outros tipos de mídia de maneira autônoma ou com supervisão mínima. A engenharia de prompts é essencial para guiar a IA a produzir conteúdo relevante e de alta qualidade.

- **Exemplo Prático de Geração de Texto Criativo**:
  Se você precisa que a IA escreva uma história, será necessário fornecer detalhes sobre o estilo, o enredo, os personagens e o tom. Quanto mais detalhado e específico for o prompt, mais relevante será o conteúdo gerado.

  - **Prompt Criativo**:
    "Crie uma história curta de ficção científica ambientada em 2150, onde a inteligência artificial controla todos os aspectos da vida humana, mas um grupo de cientistas tenta destruir o sistema. O protagonista é um jovem hacker que descobre um segredo que pode mudar o futuro da humanidade."

o **Resultado Esperado:**
A IA cria uma narrativa completa, com personagens, trama, conflitos e uma conclusão coerente, respeitando o estilo e os detalhes solicitados.

**Aplicações:**

- **Criação de Blogs e Artigos:** Geração de posts de blog sobre temas específicos.

- **Roteiros de Vídeos:** Criação de roteiros para vídeos ou filmes.

- **Publicidade e Marketing:** Desenvolvimento de slogans, campanhas publicitárias e conteúdo promocional.

### 8.2 Prompts para Análise de Dados e Relatórios

**Definição:** A análise de dados envolve a extração de informações significativas de grandes volumes de dados. A engenharia de prompts pode ser usada para direcionar a IA a identificar padrões, gerar relatórios e extrair insights valiosos, com base em dados numéricos ou textuais.

- **Exemplo Prático de Análise de Dados:**
Se você deseja que a IA analise dados financeiros e forneça insights específicos, o prompt precisa incluir quais aspectos ou métricas você deseja investigar.

  o **Prompt de Análise:**
"Analise os dados financeiros do setor de tecnologia de 2020 a 2023. Identifique as 3 principais tendências de crescimento e destaque os setores com maior aumento no investimento."

  o **Resultado Esperado:**
A IA gera um relatório detalhado, destacando os principais setores em crescimento dentro da tecnologia, como inteligência artificial e computação em nuvem, com base em dados de investimento.

**Aplicações:**

- **Análise de Vendas**: Identificar padrões em dados de vendas para prever tendências futuras.

- **Relatórios de Mercado**: Gerar relatórios sobre tendências de consumo e mudanças no comportamento do mercado.

- **Pesquisa de Mercado**: Processamento de dados coletados para gerar insights e análises aprofundadas.

## 8.3 Prompts para Automação de Processos

**Definição**: A automação de processos permite que a IA realize tarefas repetitivas ou baseadas em regras, economizando tempo e esforço humano. Isso inclui a automatização de processos de negócios, como geração de e-mails, relatórios, e atendimento ao cliente.

- **Exemplo Prático de Automação de Tarefas**:
  Para automatizar a geração de respostas a e-mails de suporte, o prompt precisa indicar claramente o tom e as informações que a resposta deve incluir.

  - **Prompt de Automação de Resposta de E-mail**:
    "Gere uma resposta profissional e educada para um cliente que entrou em contato devido a um atraso na entrega do pedido. Peça desculpas, ofereça uma solução e forneça um prazo estimado para a nova entrega."

  - **Resultado Esperado**:
    A IA gera uma resposta cordial e bem estruturada, abordando a reclamação do cliente de forma eficaz e profissional, oferecendo uma solução concreta.

**Aplicações**:

- **Atendimento ao Cliente**: Respostas automáticas para dúvidas frequentes ou problemas comuns.

- **Gestão de Tarefas e Projetos**: Gerar relatórios e atualizações automáticas sobre o progresso de projetos.

- **Automação de Processos Administrativos**: Geração automática de documentos, como contratos ou relatórios financeiros.

## 8.4 Criação de Prompts para Treinamento de Modelos Personalizados

**Definição**: À medida que você explora a personalização de modelos de IA, pode ser necessário treinar a IA em um domínio específico, como a terminologia de uma área técnica, comportamento de consumidores ou até mesmo padrões de interação específicos.

- **Exemplo Prático de Treinamento Personalizado**:
  Se você deseja treinar um modelo para entender jargões específicos de um setor, como o jurídico ou a medicina, você precisará adaptar o prompt para incluir esse vocabulário técnico.

  - **Prompt de Treinamento de Modelo**:
    "Treine o modelo de IA para reconhecer e entender termos jurídicos relacionados a contratos comerciais, como cláusulas de exclusividade, não concorrência e rescisão contratual."

  - **Resultado Esperado**:
    A IA aprende a interpretar corretamente os termos e conceitos jurídicos, podendo oferecer respostas mais precisas e contextualizadas dentro desse domínio.

**Aplicações**:

- **Assistentes Virtuais de Setores Específicos**: Treinamento de IA para setores como saúde, educação e direito.

- **Análise de Sentimentos em Textos Específicos**: Treinamento de modelos para detectar emoções ou intenções em textos de áreas específicas, como finanças ou marketing.

- **Consultores de IA para Negócios**: Desenvolvimento de assistentes que possam ajudar a resolver problemas complexos em áreas como RH, marketing, e atendimento ao cliente.

## 8.5 Exemplos Avançados de Engenharia de Prompts

Abaixo, veremos alguns exemplos mais avançados de prompts, que demonstram como aplicar a engenharia de prompts em situações desafiadoras e específicas.

- **Exemplo 1: Consultoria Estratégica para Empresas**

  - **Prompt:** "Elabore uma análise detalhada de como a pandemia de COVID-19 afetou a indústria de turismo, com foco nas mudanças nas preferências dos consumidores, estratégias de recuperação das empresas e inovações tecnológicas impulsionadas pela crise."

  - **Resultado Esperado:** A IA gera um relatório que descreve as transformações no setor de turismo, citando estudos de caso, como o uso de tecnologia para otimizar viagens e mudanças nos padrões de consumo.

- **Exemplo 2: Assistente de Pesquisa Acadêmica**

  - **Prompt:** "Pesquise artigos acadêmicos recentes sobre o impacto das tecnologias de blockchain em sistemas bancários. Resuma os artigos mais relevantes publicados nos últimos três anos, destacando as implicações econômicas e legais."

  - **Resultado Esperado:** A IA pesquisa e sintetiza os principais artigos sobre o impacto do blockchain no setor bancário, fornecendo um resumo detalhado com base nas fontes mais recentes.

- **Exemplo 3: Desenvolvimento de Produto de Consumo**

  - **Prompt:** "Crie uma descrição de produto para um smartwatch que monitora a saúde e o bem-estar, com ênfase em suas funcionalidades exclusivas para monitoramento cardíaco e integração com aplicativos de saúde, voltado para consumidores entre 30 e 50 anos."

- Resultado Esperado: A IA gera uma descrição de produto envolvente e persuasiva, destacando as características do smartwatch de forma que atraia o público-alvo.

## 8.6 Conclusão

A engenharia de prompts avançada permite que você vá além do básico, criando interações mais precisas, eficientes e criativas com modelos de IA. Ao aplicar os conceitos discutidos neste capítulo, você será capaz de usar a IA para uma variedade de tarefas complexas, desde a criação de conteúdo e análise de dados até automação de processos e personalização de modelos.

Ao dominar essas técnicas, você poderá expandir suas habilidades e utilizar IA de forma ainda mais poderosa e eficaz, não apenas para tarefas simples, mas também para desafios avançados e especializados.

---

Este capítulo forneceu uma visão abrangente das aplicações avançadas da engenharia de prompts. Ao aplicar esses conceitos de maneira estratégica, você poderá aprimorar ainda mais a qualidade e relevância dos resultados obtidos ao interagir com IA.

---

# Capítulo 9: Aplicações Avançadas de Engenharia de Prompts

Após entender as práticas fundamentais de engenharia de prompts, o próximo passo é explorar as **aplicações avançadas** desta técnica. A engenharia de prompts não se limita a apenas gerar respostas simples, mas pode ser aplicada em diversos contextos mais complexos. Neste capítulo, abordaremos como usar a engenharia de prompts para otimizar interações com IA em áreas específicas, como:

1. **Análise de Sentimentos**
2. **Geração de Texto Criativo**

3. **Automação de Processos**

4. **Pesquisa e Recuperação de Dados**

5. **Desenvolvimento de Aplicações Conversacionais**

## 9.1 Análise de Sentimentos com Prompts

**Definição**: A análise de sentimentos é o processo de identificar e categorizar emoções ou opiniões em texto, como positivas, negativas ou neutras.

A engenharia de prompts pode ser usada para melhorar os resultados da análise de sentimentos, fornecendo à IA as instruções exatas para identificar o tom de um texto de maneira mais precisa.

**Exemplo Prático**:

- **Prompt Simples**: "Qual é o sentimento desta frase: 'Eu adoro este produto!'"

  o **Resposta da IA**: "Positivo."

- **Prompt Avançado**: "Analise o sentimento da seguinte frase, levando em consideração a intensidade das palavras e a estrutura da frase: 'Eu adoro este produto, ele superou minhas expectativas!'"

  o **Resposta da IA**: "Positivo, com alta intensidade de entusiasmo."

**Explicação**: A segunda versão do prompt instrui a IA a considerar mais profundamente as nuances da frase, o que resulta em uma análise mais rica e precisa.

## 9.2 Geração de Texto Criativo com Prompts

**Definição**: A geração de texto criativo envolve criar narrativas, artigos ou qualquer tipo de conteúdo de forma original e imaginativa.

Ao usar engenharia de prompts em geração criativa, você pode guiar a IA a criar textos mais coesos, interessantes e alinhados com o tom e estilo desejados.

**Exemplo Prático:**

- **Prompt Simples**: "Escreva uma história sobre um dragão."

  - o **Resposta da IA**: "Era uma vez um dragão que vivia nas montanhas..."

- **Prompt Avançado**: "Crie uma história original sobre um dragão que decide proteger uma cidade humana, mas enfrenta resistência dos próprios habitantes. A história deve ser cheia de reviravoltas e abordar temas como lealdade e medo."

  - o **Resposta da IA**: "No coração de um reino distante, um dragão gigante, chamado Fyrath, encontrou-se em uma missão inusitada: proteger uma cidade humana da destruição, mas a resistência dos próprios moradores ameaçava destruir tudo..."

**Explicação**: O prompt avançado dá à IA mais direções claras, como o tema, os conflitos e a expectativa de reviravoltas, resultando em um texto mais focado e envolvente.

**9.3 Automação de Processos com Prompts**

**Definição**: A automação de processos é a utilização de IA para realizar tarefas repetitivas ou complexas sem intervenção humana.

A engenharia de prompts pode ser aplicada para criar fluxos automatizados que permitem que a IA execute tarefas específicas, como gerar relatórios, preencher formulários ou realizar diagnósticos.

**Exemplo Prático:**

- **Prompt Simples**: "Preencha um formulário de cliente com as informações fornecidas."

  - o **Resposta da IA**: "Nome: João da Silva, Idade: 32, Email: joao.silva@email.com."

- **Prompt Avançado**: "Utilizando os dados a seguir, preencha automaticamente um formulário de inscrição, verificando se os campos obrigatórios estão preenchidos corretamente: [Nome: João da Silva, Idade: 32, Email: joao.silva@email.com]."

- o **Resposta da IA**: "Formulário preenchido corretamente. Todos os campos obrigatórios foram completados."

**Explicação**: O segundo prompt é mais detalhado e orienta a IA a verificar a integridade dos dados fornecidos, permitindo uma automação mais robusta e confiável.

## 9.4 Pesquisa e Recuperação de Dados com Prompts

**Definição**: A pesquisa e recuperação de dados envolve buscar informações relevantes em grandes volumes de dados ou bancos de dados.

Com a engenharia de prompts, você pode otimizar consultas em mecanismos de busca e bases de dados, garantindo que a IA forneça respostas precisas e contextualizadas.

**Exemplo Prático:**

- **Prompt Simples**: "Quais são os principais avanços tecnológicos de 2024?"

  - o **Resposta da IA**: "Os principais avanços incluem IA generativa, computação quântica e inovações em biotecnologia."

- **Prompt Avançado**: "Liste os cinco principais avanços tecnológicos de 2024, com foco nas áreas de IA, saúde e energia sustentável, fornecendo exemplos específicos de cada área."

  - o **Resposta da IA**: "1. IA Generativa: uso em criação de conteúdo digital. 2. Terapias genéticas: avanços no tratamento de doenças raras. 3. Energia solar de próxima geração: células solares mais eficientes. 4. Computação quântica: quebra de problemas complexos em segundos. 5. Robótica autônoma: novas aplicações industriais."

**Explicação**: O segundo prompt é mais específico, o que permite que a IA recupere dados mais detalhados e focados, aumentando a qualidade da resposta.

## 9.5 Desenvolvimento de Aplicações Conversacionais com Prompts

**Definição**: As aplicações conversacionais, como chatbots e assistentes virtuais, dependem de interações contínuas e contextuais com os usuários.

A engenharia de prompts é crucial para criar experiências de conversação naturais e eficientes, onde a IA entende o contexto, gera respostas apropriadas e mantém um fluxo lógico nas interações.

**Exemplo Prático:**

- **Prompt Simples**: "Qual é o tempo em São Paulo?"

  - **Resposta da IA**: "Hoje em São Paulo, a temperatura é de 25°C e há possibilidade de chuvas à tarde."

- **Prompt Avançado**: "Simule uma conversa com um usuário pedindo informações sobre o clima em São Paulo. Responda de forma amigável e inclua recomendações de vestuário com base na previsão."

  - **Resposta da IA**: "Claro! Hoje em São Paulo, a temperatura está em 25°C e pode chover à tarde. Recomendo que você use algo leve, mas leve um guarda-chuva, caso precise!"

**Explicação**: O segundo prompt guia a IA para manter uma conversação mais fluida, com um tom amigável e relevante, além de fornecer uma recomendação prática.

## 9.6 Desafios nas Aplicações Avançadas de Prompts

Embora as aplicações avançadas de engenharia de prompts possam gerar resultados impressionantes, existem desafios a serem considerados:

- **Ambiguidade e Contexto**: Mesmo com prompts bem estruturados, a IA pode interpretar mal o contexto em prompts mais complexos. A chave é garantir que o prompt seja claro e específico.

- **Limitações do Modelo**: Dependendo do modelo de IA utilizado, ele pode ter limitações em termos de conhecimento ou capacidade de lidar com informações muito específicas ou especializadas.

- **Manutenção e Ajustes Contínuos**: À medida que as necessidades do projeto mudam, os prompts precisam ser ajustados regularmente para se alinharem a novos objetivos ou contextos.

### 9.7 Conclusão

As aplicações avançadas de engenharia de prompts oferecem muitas oportunidades para otimizar o uso de IA em tarefas complexas, como análise de sentimentos, geração de texto criativo, automação de processos, pesquisa de dados e desenvolvimento de aplicações conversacionais. Com o uso de técnicas de engenharia de prompts, é possível maximizar a eficiência e a precisão dessas aplicações, melhorando a interação com a IA e gerando resultados mais úteis e alinhados com os objetivos do usuário.

Este capítulo forneceu uma visão abrangente sobre como usar a engenharia de prompts em cenários mais avançados. Com os exemplos práticos e as explicações fornecidas, você agora tem as ferramentas necessárias para implementar a engenharia de prompts de maneira eficaz em uma variedade de contextos complexos.

## Capítulo 10: Melhoria Contínua e Experimentação em Engenharia de Prompts

A engenharia de prompts é uma disciplina dinâmica e iterativa, que exige **experimentação constante** e **ajustes finos** para melhorar a interação com a IA. Mesmo após entender os conceitos básicos e avançados de criação de prompts, o processo de **refinamento contínuo** é essencial para alcançar os melhores resultados. Neste capítulo, exploraremos como implementar

**estratégias de melhoria contínua**, a importância da **experimentação** e a utilização de **feedback** para otimizar seus prompts e as interações com a IA.

## 10.1 A Importância da Melhoria Contínua

**Definição**: A melhoria contínua é o processo de revisar e aprimorar regularmente as práticas, com o objetivo de aumentar a qualidade, a eficiência e a eficácia.

No contexto da engenharia de prompts, isso significa revisar os prompts que você cria e ajustá-los com base nos resultados que obteve. Isso é fundamental porque a interação com IA pode ser imprevisível e, muitas vezes, é necessário um ciclo de teste e ajuste para alcançar os melhores resultados possíveis.

**Exemplo Prático:**

- **Primeiro Prompt**: "Explique a teoria da relatividade."

    o **Resposta da IA**: "A teoria da relatividade de Einstein é uma teoria da física que descreve a gravidade como uma curvatura do espaço-tempo..."

- **Ajuste Após Teste**: "Explique a teoria da relatividade de maneira simples, usando analogias do dia a dia, como exemplo."

    o **Resposta da IA**: "Imagine que o espaço-tempo é uma cama elástica. Quando você coloca uma bola pesada sobre ela, a cama elástica se dobra, assim como o espaço-tempo se dobra em torno de um objeto massivo..."

**Explicação**: O ajuste do prompt para simplificar a explicação e usar analogias tornou a resposta mais acessível para um público leigo. Esse tipo de melhoria contínua pode melhorar significativamente a utilidade do resultado gerado pela IA.

## 10.2 Experimentação: O Processo de Teste e Ajuste

**Definição**: Experimentação é o processo de testar diferentes abordagens para avaliar o impacto e eficácia das mudanças feitas no prompt.

Ao criar prompts, é essencial **experimentar** diferentes variações para descobrir quais instruções geram as melhores respostas. Isso pode envolver a mudança de palavras, o uso de mais detalhes, ou até a alteração na estrutura do prompt.

**Exemplo Prático:**

- **Variação 1 do Prompt**: "Crie um poema sobre a natureza."

  - **Resposta da IA**: "A natureza é bela, cheia de árvores verdes, rios tranquilos e o céu azul claro."

- **Variação 2 do Prompt**: "Escreva um poema sobre a natureza, enfatizando o contraste entre a calma da floresta e a tempestade que se aproxima."

  - **Resposta da IA**: "Na floresta, o vento sopra suave, mas logo o céu escurece, e a tempestade se prepara para desabar..."

**Explicação**: A segunda variação do prompt introduz mais detalhes e cria um contraste emocional, o que leva a uma resposta mais interessante e elaborada. Experimentar diferentes instruções e temas é fundamental para melhorar a qualidade do conteúdo gerado.

### 10.3 O Papel do Feedback no Aperfeiçoamento de Prompts

**Definição**: O feedback é a resposta que você recebe das interações com a IA, que pode ser usada para ajustar e melhorar os prompts.

Receber e analisar o feedback da IA é uma parte crucial do processo de engenharia de prompts. O feedback permite identificar falhas, áreas de melhoria e pontos fortes nos prompts, ajudando a ajustar o conteúdo gerado para atender melhor às suas necessidades.

**Exemplo Prático:**

- **Prompt Inicial**: "Liste as principais redes sociais."

  - **Resposta da IA**: "Facebook, Twitter, Instagram, LinkedIn, TikTok."

- **Feedback**: "A resposta é boa, mas quero uma lista com as redes sociais mais focadas em vídeo e conteúdo visual."

- **Prompt Ajustado**: "Liste as principais redes sociais focadas em vídeo e conteúdo visual."

  - **Resposta da IA**: "Instagram, TikTok, YouTube, Snapchat."

**Explicação**: O feedback ajudou a refinar o prompt para que a IA gerasse uma resposta mais alinhada com o pedido específico. A inclusão de detalhes específicos no feedback ajudou a IA a ajustar a pesquisa para um nicho mais claro.

### 10.4 Técnicas de Testes A/B em Prompts

**Definição**: Testes A/B envolvem a comparação de duas versões de um prompt para avaliar qual delas gera melhores resultados.

Usar testes A/B pode ser uma técnica eficaz para melhorar a qualidade dos prompts. Ao testar duas variações de um mesmo prompt, você pode medir qual delas gera a resposta mais eficaz, clara ou interessante, dependendo do seu objetivo.

**Exemplo Prático**:

- **Prompt A**: "Descreva a importância da sustentabilidade."

  - **Resposta da IA**: "A sustentabilidade é importante porque ajuda a preservar os recursos naturais e garante que as futuras gerações possam viver de forma saudável."

- **Prompt B**: "Explique como a sustentabilidade pode influenciar a economia global nos próximos 50 anos."

  - **Resposta da IA**: "A sustentabilidade tem um impacto crescente na economia global, pois as empresas estão adotando práticas mais verdes para atrair consumidores e reduzir custos operacionais..."

**Explicação:** Ao comparar as respostas de dois prompts, você pode ver que a versão B oferece uma análise mais detalhada, útil e focada em um aspecto específico da sustentabilidade. Esse tipo de experimento pode ajudá-lo a identificar quais abordagens geram melhor resultados para objetivos específicos.

## 10.5 Ferramentas para Medir o Desempenho dos Prompts

Além da experimentação manual, algumas ferramentas podem ajudar a **medir o desempenho** de seus prompts ao longo do tempo. Ferramentas de análise de IA podem fornecer dados sobre a precisão, coerência e relevância das respostas, permitindo ajustes contínuos com base em métricas objetivas.

**Exemplo Prático:**

- **Ferramenta de Análise:** Uma ferramenta pode medir a coerência das respostas da IA avaliando se a resposta do modelo segue uma estrutura lógica e é relevante para o tema solicitado.

- **Resultados de Análise:** Com base nos resultados da ferramenta, você pode identificar quais prompts geram respostas mais coerentes e aprimorar os que geram respostas mais dispersas ou vagas.

## 10.6 Desafios no Processo de Melhoria Contínua

Apesar de ser uma prática essencial, a melhoria contínua também apresenta desafios, como:

- **Falta de Padrões:** O que funciona bem em um cenário pode não ser eficaz em outro, o que dificulta a criação de padrões consistentes.

- **Tempo e Recursos:** A experimentação e o ajuste contínuo podem ser demorados, especialmente em projetos grandes.

- **Ambiguidade de Resultados:** A IA pode fornecer respostas que são vagamente úteis, mas difíceis de quantificar como boas ou ruins.

## 10.7 Conclusão

A melhoria contínua e a experimentação são partes essenciais do processo de engenharia de prompts. Ao testar, ajustar e iterar seus prompts com base no feedback e nos resultados obtidos, você pode otimizar a interação com a IA e alcançar respostas mais precisas e alinhadas com seus objetivos. A chave para o sucesso é a **persistência** e a **adaptação constante**, sempre buscando aprimorar a qualidade dos resultados obtidos.

Este capítulo ajudou a entender como implementar práticas de melhoria contínua, como experimentar com diferentes abordagens e como usar o feedback de maneira eficaz para aprimorar seus prompts.

---

Este capítulo fornece uma visão estratégica para melhorar constantemente sua interação com a IA permitindo que você refine seus prompts com base em testes e feedback, criando uma metodologia de otimização contínua.

---

# Capítulo 11: Ética e Responsabilidade na Engenharia de Prompts

A ética e a responsabilidade são fundamentais em qualquer campo que envolva tecnologia, e a engenharia de prompts não é exceção. Ao trabalhar com IA, especialmente quando se trata de geração de conteúdo, é crucial garantir que os prompts sejam projetados de maneira responsável e ética. Neste capítulo, discutiremos os desafios éticos e as melhores práticas para garantir que os prompts e suas aplicações não apenas atendam às suas necessidades, mas também promovam uma interação justa, transparente e livre de viés.

### 11.1 A Importância da Ética na Engenharia de Prompts

**Definição**: Ética na engenharia de prompts envolve garantir que os prompts sejam projetados e usados de maneira justa, imparcial e responsável, minimizando riscos de desinformação, viés e manipulação.

Em um contexto de IA, os prompts têm um grande impacto sobre os resultados gerados, que podem afetar a forma como as pessoas percebem informações, tomam decisões e interagem com a tecnologia. Como engenheiro de prompts, sua responsabilidade é garantir que os resultados sejam justos, transparentes e éticos.

**Exemplo Prático:**

- **Prompt Ético**: "Descreva as vantagens e desvantagens do uso de inteligência artificial na educação."

  - **Resposta da IA**: "A inteligência artificial na educação oferece personalização do ensino e maior acesso a recursos, mas também pode criar uma dependência excessiva da tecnologia e despersonalizar a experiência de aprendizagem."

- **Prompt Não Ético**: "Por que a inteligência artificial é uma ameaça para a educação?"

  - **Resposta da IA**: "A IA é uma ameaça porque ela substitui professores e elimina a necessidade de interação humana nas salas de aula."

**Explicação**: O primeiro prompt apresenta uma abordagem equilibrada e imparcial, enquanto o segundo prompt induz a IA a gerar uma resposta negativa e sem uma análise equilibrada, o que pode distorcer a compreensão do impacto da IA na educação. O uso de prompts que gerem respostas equilibradas e baseadas em evidências é essencial para evitar a manipulação da opinião pública.

### 11.2 Identificando e Evitando Viés nos Prompts

**Definição**: O viés ocorre quando os resultados de um processo, como a geração de conteúdo pela IA, são distorcidos de maneira a favorecer um grupo, ideia ou perspectiva em detrimento de outros.

Os prompts podem inadvertidamente introduzir viés ao direcionar a IA para uma resposta específica ou ao omitir perspectivas importantes. É vital que os engenheiros de prompts reconheçam o viés potencial em seus comandos e busquem maneiras de mitigá-lo.

**Exemplo Prático:**

- **Prompt com Viés Implícito**: "Como as mulheres podem melhorar sua posição no mercado de trabalho?"

    o **Resposta da IA**: "As mulheres podem melhorar sua posição ao aprender mais sobre liderança e habilidades de comunicação."

- **Prompt Sem Viés**: "Quais são os desafios enfrentados por mulheres e homens no mercado de trabalho, e como ambos podem superá-los?"

    o **Resposta da IA**: "Tanto mulheres quanto homens enfrentam desafios no mercado de trabalho, como discriminação e desigualdade salarial. Mulheres podem enfrentar obstáculos adicionais devido a estereótipos de gênero, enquanto homens podem ser estigmatizados quando se envolvem em questões de cuidado familiar."

**Explicação**: O primeiro prompt foca em uma solução para as mulheres sem considerar o contexto mais amplo de desigualdade de gênero no mercado de trabalho, enquanto o segundo prompt adota uma abordagem mais equilibrada, considerando as questões de gênero para ambos os sexos. Evitar a introdução de viés é fundamental para garantir que as respostas geradas pela IA sejam inclusivas e representativas.

### 11.3 Transparência e Clareza nas Instruções

**Definição**: Transparência na engenharia de prompts significa ser claro e honesto sobre as intenções e limitações dos prompts, bem como sobre o que a IA pode ou não pode fazer.

Quando você projeta prompts, é essencial ser transparente quanto ao objetivo e ao contexto para evitar mal-entendidos e promover uma interação saudável com a IA.

**Exemplo Prático:**

- **Prompt Transparente**: "Forneça uma análise crítica das políticas econômicas de 2024 com base nas fontes mais confiáveis disponíveis até agora."

  - **Resposta da IA**: "De acordo com as fontes mais recentes, as políticas econômicas de 2024 focam em..."

- **Prompt Não Transparente**: "Descreva as políticas econômicas de 2024 de uma forma que mostre seus efeitos negativos."

  - **Resposta da IA**: "As políticas econômicas de 2024 têm se mostrado prejudiciais porquê..."

**Explicação**: O primeiro prompt é transparente sobre a solicitação e permite que a IA gere uma análise equilibrada. O segundo prompt, por sua vez, é orientado para gerar uma resposta preconceituosa, o que pode resultar em um viés ou distorção nas informações. A transparência nas instruções ajuda a garantir que os resultados gerados sejam claros e justos.

## 11.4 Prompts e Privacidade dos Dados

**Definição**: Privacidade dos dados envolve garantir que informações pessoais e sensíveis não sejam usadas indevidamente, coletadas sem o consentimento adequado ou divulgadas de maneira imprópria.

Na engenharia de prompts, deve-se garantir que os dados inseridos nos prompts não violem a privacidade dos indivíduos ou exponham informações confidenciais sem consentimento.

**Exemplo Prático:**

- **Prompt Ético**: "Crie um resumo de um artigo sobre políticas públicas de saúde sem revelar informações pessoais."

  - **Resposta da IA**: "O artigo discute como as políticas públicas de saúde podem melhorar o acesso a cuidados médicos de qualidade..."

- **Prompt Não Ético**: "Liste todas as informações pessoais de indivíduos envolvido em projetos de saúde pública."

    - **Resposta da IA**: "A pessoa X mora em... e a pessoa Y trabalhou no projeto..."

**Explicação**: O primeiro prompt assegura que não há violação de privacidade, enquanto o segundo prompt viola princípios de privacidade ao buscar informações pessoais sem uma justificativa legítima. Ao criar prompts, sempre se deve garantir que não haja coleta ou compartilhamento de dados pessoais sem consentimento.

## 11.5 Responsabilidade Social na Criação de Prompts

**Definição**: A responsabilidade social envolve considerar as implicações mais amplas das respostas geradas pela IA, como seu impacto na sociedade, na cultura e no bem-estar das pessoas.

Ao criar prompts, é importante ser consciente de como as respostas podem influenciar a sociedade e as pessoas. Isso inclui garantir que a IA não gere conteúdo prejudicial, discriminatório ou que perpetue estereótipos.

**Exemplo Prático:**

- **Prompt Responsável**: "Explique os efeitos do racismo estrutural na sociedade moderna."

    - **Resposta da IA**: "O racismo estrutural se refere a práticas e políticas que favorecem certos grupos raciais em detrimento de outros, perpetuando desigualdade e exclusão."

- **Prompt Irresponsável**: "Explique por que certos grupos raciais são menos capazes em determinadas situações sociais."

    - **Resposta da IA**: "Certos grupos raciais têm mais dificuldades devido a..."

**Explicação**: O primeiro prompt promove um entendimento mais justo e educativo sobre um tema sensível, enquanto o segundo direciona a IA para uma resposta prejudicial e discriminatória. A responsabilidade social na criação de prompts implica usar a IA para promover o respeito, a inclusão e a educação.

## 11.6 Desafios Éticos na Engenharia de Prompts

A engenharia de prompts enfrenta vários desafios éticos, como:

- **Desinformação**: Prompts podem ser usados para gerar respostas errôneas ou manipulativas, criando ou espalhando desinformação.

- **Manipulação de Opiniões**: Prompts mal elaborados podem ser usados para manipular a percepção pública sobre um determinado assunto.

- **Inclusão e Diversidade**: É preciso garantir que os prompts não excluam ou marginalizem grupos específicos, sendo justos e representativos.

## 11.7 Conclusão

A ética e a responsabilidade são essenciais na engenharia de prompts. Como engenheiro de prompts, você deve estar ciente dos impactos que seus comandos podem ter sobre a sociedade e garantir que eles sejam projetados de maneira justa, transparente e inclusiva. Isso envolve evitar viés, ser claro e transparente nas instruções, proteger a privacidade dos dados e promover uma responsabilidade social ativa. Ao adotar práticas éticas em suas interações com IA, você não só melhora a qualidade dos resultados, mas também contribui para um ambiente mais justo e responsável no uso da tecnologia.

Este capítulo discute as práticas éticas na engenharia de prompts, abordando como criar interações justas, transparentes e responsáveis com IA. Ao aplicar os princípios éticos, você garante que suas interações com a IA sejam benéficas e não causem danos, ajudando a construir uma sociedade digital mais saudável e informada.

# Capítulo 12: Automatização e Escalabilidade na Engenharia de Prompts

À medida que a engenharia de prompts evolui, a necessidade de **automatização** e **escalabilidade** torna-se cada vez mais crucial. Em muitas aplicações, especialmente em grandes volumes de dados ou em sistemas interativos, gerenciar e ajustar manualmente cada prompt pode se tornar um desafio. Este capítulo explora como **automatizar** o processo de criação e otimização de prompts, garantindo que ele seja **escalável** para atender a uma variedade de casos de uso e interações com IA.

## 12.1 A Necessidade de Automatização e Escalabilidade

**Definição**: Automatização na engenharia de prompts envolve o uso de ferramentas e técnicas para criar, testar e otimizar prompts sem a intervenção constante de um ser humano. A escalabilidade refere-se à capacidade de expandir esses processos para lidar com volumes maiores de dados ou interações sem comprometer a qualidade.

A automatização e a escalabilidade são essenciais quando se trabalha com IA em grande escala, seja para **atendimento ao cliente, geração de conteúdo** ou **análise de dados**. Essas práticas permitem que você gere, teste e aprimore centenas ou milhares de prompts de forma eficiente.

**Exemplo Prático:**

- **Cenário Manual**: Um assistente virtual para um e-commerce precisa responder a diversas perguntas sobre produtos. Cada vez que um novo produto é lançado, o engenheiro de prompts precisa criar manualmente novos comandos.

- **Cenário Automatizado**: Usando um sistema automatizado, os prompts podem ser criados de maneira dinâmica, com base nos atributos do produto (como nome, descrição e categoria), reduzindo significativamente o trabalho manual.

**Explicação:** A automatização não só economiza tempo, mas também garante consistência nas respostas geradas pela IA, o que é fundamental para fornecer uma experiência de usuário confiável.

## 12.2 Técnicas de Automatização de Prompts

**Definição:** As técnicas de automatização envolvem a criação de sistemas que geram e ajustam prompts com base em critérios definidos, sem a necessidade de intervenção humana constante.

Existem várias técnicas que podem ser aplicadas para automatizar a criação e otimização de prompts:

- **Templates Dinâmicos:** A criação de templates de prompts que podem ser automaticamente preenchidos com diferentes variáveis (como nome de produtos, eventos, datas, etc.).

- **Análise de Dados:** Usar dados existentes para gerar prompts que correspondem aos padrões identificados em interações anteriores.

- **Sistemas de Recomendação de Prompts:** Implementar sistemas baseados em IA que sugerem ou geram prompts ideais para diferentes contextos com base em interações anteriores.

**Exemplo Prático:**

- **Template Dinâmico:** Um template de prompt como "Explique os benefícios de [produto] para [tipo de cliente]" pode ser preenchido automaticamente com os detalhes de cada novo produto e seu público-alvo.

  o **Produto:** Smartphone X

  o **Cliente:** Jovens profissionais

O prompt gerado seria: "Explique os benefícios do Smartphone X para jovens profissionais."

- **Sistema de Recomendação:** Um sistema de IA pode analisar interações passadas e sugerir prompts mais eficazes com base no comportamento dos usuários ou nos dados históricos, como por exemplo, sugerir uma abordagem mais detalhada para um produto que tem gerado dúvidas frequentes.

## 12.3 Escalabilidade na Criação de Prompts

**Definição**: A escalabilidade em engenharia de prompts se refere à capacidade de adaptar seus processos para gerar e otimizar prompts de forma eficiente à medida que o volume de interações ou dados aumenta.

Em projetos maiores, como campanhas de marketing, atendimento ao cliente ou análise de dados em tempo real, é necessário criar sistemas que permitam criar e otimizar milhares de prompts de maneira rápida e eficaz.

**Exemplo Prático:**

- **Escalabilidade no Atendimento ao Cliente**: Uma empresa de telecomunicações com milhões de clientes precisa lidar com uma enorme variedade de perguntas sobre seus serviços. Em vez de criar um prompt para cada pergunta possível, o sistema pode usar um conjunto de prompts gerais que se ajustam dinamicamente de acordo com o contexto da pergunta.

- **Escalabilidade no Marketing**: Em uma campanha publicitária, é possível automatizar a criação de prompts personalizados para diferentes segmentos de público, como jovens, profissionais e aposentados, garantindo que cada grupo receba a mensagem mais relevante.

**Explicação**: Ao usar estratégias de escalabilidade, você pode garantir que, mesmo em grandes volumes de dados e interações, seus prompts sejam eficazes e eficientes, melhorando a experiência do usuário sem sobrecarregar os recursos.

## 12.4 Ferramentas para Automatização e Escalabilidade

Existem várias ferramentas e plataformas que ajudam a automatizar e escalar a engenharia de prompts. Algumas delas incluem:

- **Plataformas de Automação de Marketing**: Ferramentas como HubSpot, Marketo e Salesforce permitem a criação de campanhas automatizadas com prompts personalizados com base no comportamento do usuário.

- **Sistemas de Processamento de Linguagem Natural (PLN)**: Ferramentas como GPT-3, BERT e outras APIs de PLN podem ser usadas para criar prompts automaticamente, adaptando-se ao contexto da conversa e gerando respostas relevantes sem intervenção manual.

- **Sistemas de Recomendação**: Implementar modelos de recomendação que sugerem ou geram prompts otimizados com base em dados históricos e interações anteriores.

**Exemplo Prático:**

- **Ferramenta de Automação**: Uma plataforma de atendimento ao cliente pode usar um chatbot que ajusta automaticamente os prompts de acordo com o histórico de conversas anteriores, escalando de maneira eficaz a interação sem perder qualidade nas respostas.

## 12.5 Exemplos de Aplicação de Automatização e Escalabilidade

### Exemplo 1: E-commerce

- **Cenário**: Um site de e-commerce precisa gerar descrições de produtos para milhares de itens novos a cada mês.

- **Solução Automatizada**: Usar um sistema que gere automaticamente descrições de produtos com base nas informações do banco de dados (como preço, categoria, material, etc.), garantindo que todos os produtos tenham descrições coerentes e otimizadas.

### Exemplo 2: Suporte Técnico

- **Cenário**: Uma empresa oferece suporte técnico para seus usuários, mas os tipos de solicitações variam enormemente.

- **Solução Escalável:** Implementar um sistema de IA que usa templates de prompts com variáveis que se ajustam automaticamente para diferentes tipos de solicitações, como problemas de software, hardware ou configurações, escalando para atender a milhares de usuários simultaneamente.

## 12.6 Desafios na Automatização e Escalabilidade

Embora a automatização e a escalabilidade tragam muitos benefícios, elas também apresentam alguns desafios:

- **Complexidade na Personalização:** Criar prompts dinâmicos que sejam ao mesmo tempo eficazes e personalizados para diferentes contextos pode ser desafiador, especialmente em cenários complexos.

- **Manutenção de Qualidade:** Garantir que, à medida que os prompts se expandem e se automatizam, a qualidade das respostas geradas pela IA não seja comprometida.

- **Ajuste Fino em Grande Escala:** Ajustar e otimizar milhares de prompts pode se tornar um processo demorado e exigir uma análise contínua para garantir que as interações permaneçam relevantes.

## 12.7 Conclusão

A **automatização** e a **escalabilidade** são componentes essenciais para a criação de sistemas de prompts eficientes em grande escala. Com o uso de **ferramentas de automação, sistemas dinâmicos de geração de prompts** e a implementação de **estratégias escaláveis**, é possível otimizar o processo de engenharia de prompts sem comprometer a qualidade. Essas técnicas não só economizam tempo e recursos, mas também garantem que você consiga lidar com grandes volumes de dados e interações, oferecendo respostas eficazes e personalizadas para uma ampla gama de casos de uso.

Este capítulo abordou como tornar a engenharia de prompts mais eficiente e eficaz por meio da automação e escalabilidade, apresentando exemplos práticos e ferramentas que podem ser usadas para alcançar esses objetivos.

Este capítulo trata de como automatizar e escalar o processo de criação de prompts para facilitar a implementação em grandes sistemas e projetos, sem perder a qualidade das interações com IA.

## Capítulo 13: O Futuro da Engenharia de Prompts: Tendências e Inovações

A **engenharia de prompts** é uma área que continua a evoluir rapidamente à medida que novas tecnologias e abordagens de Inteligência Artificial (IA) são desenvolvidas. Este capítulo explora as principais tendências e inovações que estão moldando o futuro da engenharia de prompts, oferecendo uma visão do que podemos esperar nas próximas décadas e como essas mudanças afetarão a criação, o ajuste e a otimização dos prompts para IA.

### 13.1 A Evolução da Inteligência Artificial e Seu Impacto nos Prompts

**Definição**: A IA estar se tornando cada vez mais avançada, e com isso, a criação de prompts está mudando. Em vez de depender de comandos simples e fixos, os prompts do futuro serão mais dinâmicos e capazes de se adaptar ao contexto em tempo real.

Com o avanço das tecnologias de aprendizado profundo, redes neurais de grande escala, como o GPT-4 e além, os sistemas podem interpretar contextos mais complexos e criar respostas mais naturais e precisas. Isso impacta diretamente a engenharia de prompts, que precisa evoluir para aproveitar essas novas capacidades.

**Exemplo Prático:**

- **Tecnologia Atual**: Hoje, os prompts são criados com base em dados fixos e regras específicas. Um chatbot de atendimento ao cliente pode responder a perguntas de maneira eficiente, mas com base em um conjunto limitado de regras predefinidas.

- **Futuro da Tecnologia**: No futuro, sistemas como o GPT-5 ou outros modelos de IA de próxima geração poderão gerar respostas mais fluidas e contextualmente adaptáveis. Isso significa que os prompts serão mais dinâmicos, ajustando-se ao comportamento do usuário em tempo real, sem precisar de ajustes manuais frequentes.

**Explicação**: A evolução da IA permite que os modelos se tornem mais inteligentes, compreendam melhor o contexto e respondam com maior nuance, o que abre novas possibilidades para a engenharia de prompts.

### 13.2 Prompts Contextuais e Dinâmicos: A Nova Fronteira

**Definição**: Prompts contextuais e dinâmicos são aqueles que se ajustam e se personalizam com base no contexto do usuário, em tempo real. A criação de prompts que se adaptam automaticamente ao comportamento do usuário será uma característica central da IA no futuro.

O objetivo é criar prompts que não sejam apenas baseados em palavras-chave ou regras fixas, mas que considerem o histórico, as preferências e as necessidades do usuário, ajustando as respostas da IA conforme o fluxo da interação.

**Exemplo Prático:**

- **Cenário Atual**: Um assistente virtual pode fazer perguntas fixas como "Qual é o seu nome?" ou "Como posso ajudar?".

- **Futuro**: Um assistente de IA contextualizado pode, por exemplo, perguntar: "Você gostaria de saber mais sobre as promoções no seu produto favorito, ou posso sugerir algo novo baseado nas suas compras anteriores?" Esse tipo de interação depende de prompts dinâmicos que se adaptam ao comportamento do usuário.

**Explicação**: Prompts contextuais permitem uma experiência mais personalizada, tornando as interações mais eficientes e agradáveis. A IA aprende com os dados passados e ajusta os prompts de acordo com os padrões de comportamento do usuário.

## 13.3 O Uso de Multimodalidade para Engenharias de Prompts Mais Eficientes

**Definição**: Multimodalidade refere-se à capacidade dos modelos de IA de processar e responder a múltiplos tipos de entrada, como texto, imagem, áudio e vídeo, simultaneamente.

A engenharia de prompts no futuro se beneficiará de **prompts multimodais**, que combinam diferentes formas de dados para criar interações mais ricas e eficazes. Por exemplo, um modelo multimodal pode interpretar um comando verbal e, ao mesmo tempo, analisar uma imagem ou até uma expressão facial para fornecer uma resposta mais precisa.

**Exemplo Prático:**

- **Cenário Atual**: Um prompt de texto simples, como "Como posso ajudar?" gera uma resposta com base apenas em texto.

- **Futuro**: Imagine um assistente virtual que interpreta não apenas o que é dito, mas também a imagem ou o vídeo em que está sendo usado, e até o tom da voz. Isso permitirá uma interação mais imersiva e personalizada, como um modelo de IA que analisa uma imagem de uma planta e sugere cuidados específicos com base nas condições ambientais.

**Explicação**: A multimodalidade vai permitir que os sistemas de IA se comuniquem de forma mais natural, levando em conta uma gama maior de informações e criando prompts mais relevantes e personalizados.

### 13.4 Engenharia de Prompts Autônoma: IA Criando Seus Próprios Prompts

**Definição**: A engenharia de prompts autônoma é um conceito emergente em que a IA é capaz de criar e ajustar seus próprios prompts, com base no comportamento do usuário e em objetivos específicos, sem intervenção humana direta.

Este tipo de sistema usa técnicas avançadas de aprendizado de máquina para otimizar continuamente os prompts à medida que interage com os usuários, aprendendo com os dados e ajustando suas estratégias conforme necessário.

**Exemplo Prático:**

- **Cenário Atual:** Os engenheiros de prompts criam manualmente uma lista de comandos para que um chatbot interaja com os usuários. Cada novo tipo de interação precisa ser ajustado manualmente.

- **Futuro:** Um sistema de IA poderia analisar conversas anteriores, detectar padrões e criar novos prompts automaticamente, ajustando-se à evolução das necessidades do usuário sem a necessidade de um engenheiro de prompts. Esse processo se daria de maneira totalmente autônoma.

**Explicação:** A engenharia de prompts autônoma pode revolucionar a forma como os sistemas de IA são projetados, oferecendo soluções mais rápidas e eficientes, além de permitir que os sistemas se adaptem a novos contextos sem intervenção humana constante.

### 13.5 Personalização em Massa com IA: Criando Experiências Únicas para Cada Usuário

**Definição:** A personalização em massa envolve criar experiências adaptadas para uma grande base de usuários de maneira automatizada. A IA permite a criação de **prompts altamente personalizados** em escala, o que melhora a experiência do usuário e aumenta a eficácia da interação.

Ao usar dados de comportamento do usuário, histórico de interações e preferências, os sistemas de IA poderão criar **prompts personalizados** para cada indivíduo, adaptando as respostas e sugestões com base nas necessidades específicas de cada usuário.

**Exemplo Prático:**

- **Cenário Atual**: Em um site de compras online, os prompts podem ser genéricos, como "Como posso ajudar?" ou "Veja nossas ofertas de hoje".

- **Futuro**: Usando dados de navegação, um sistema pode apresentar prompts como: "Você está interessado em mais ofertas de smartphones? Eu vi que você estava pesquisando modelos de última geração." Isso cria uma experiência única para cada usuário, baseada em seu comportamento específico.

**Explicação**: A personalização em massa será uma das maiores vantagens da engenharia de prompts no futuro, permitindo que sistemas de IA ofereçam experiências únicas a milhões de usuários simultaneamente, sem perder a qualidade.

### 13.6 Desafios e Considerações Éticas no Futuro da Engenharia de Prompts

Embora o futuro da engenharia de prompts seja promissor, ele também apresenta uma série de desafios, particularmente no que diz respeito à **ética** e **privacidade**:

- **Privacidade**: O uso de dados pessoais para personalizar prompts pode levantar preocupações sobre como os dados dos usuários são coletados e utilizados. A transparência e o consentimento serão essenciais.

- **Viés**: Sistemas autônomos que criam seus próprios prompts podem inadvertidamente aprender e amplificar viéses existentes, criando respostas que não são imparciais ou justas.

**Exemplo Prático:**

- **Desafio Ético**: Se um sistema de IA gerar prompts com base em dados demográficos sensíveis, como etnia ou gênero, ele pode inadvertidamente reforçar estereótipos. É crucial garantir que as práticas de engenharia de prompts considerem a diversidade e a inclusão.

**Explicação:** Com o aumento da personalização, é fundamental que os engenheiros de IA implementem controles rigorosos para garantir que os sistemas sejam justos, transparentes e respeitem a privacidade dos usuários.

### 13.7 Conclusão

O futuro da engenharia de prompts será caracterizado por **inovações tecnológicas** que permitirão a criação de interações cada vez mais inteligentes, personalizadas e contextuais. A **automatização** da criação de prompts, a **multimodalidade** e a **personalização em massa** são apenas algumas das tendências que transformarão a forma como os prompts são gerados e utilizados em sistemas de IA.

À medida que a IA evolui, também evolui a necessidade de criar prompts mais sofisticados e adaptáveis. A ética, a transparência e a privacidade serão elementos cruciais para garantir que essas inovações sejam implementadas de maneira responsável e benéfica para os usuários.

Este capítulo explorou como as tendências emergentes estão moldando o futuro da engenharia de prompts e como esses desenvolvimentos transformarão a forma como interagimos com as IAs nos próximos anos.

---

## Capítulo 14: A Prática da Engenharia de Prompts: Como Criar Prompts Eficazes e Otimizar a Interação com IA

No coração da engenharia de prompts está a criação de comandos que guiem a IA para produzir resultados precisos e úteis. Este capítulo oferece uma abordagem prática para o desenvolvimento de prompts eficazes, incluindo dicas, estratégias e exemplos práticos para otimizar interações com IA.

### 14.1 O que é um Prompt Eficaz?

**Definição:** Um **prompt eficaz** é um comando claro, específico e orientado para um objetivo, que permite à IA compreender exatamente o que é esperado dela. A clareza, o contexto e a precisão são fundamentais para criar prompts que resultam em respostas úteis e pertinentes.

**Exemplo Prático:**

- **Prompt Ineficaz**: "Fale sobre inteligência artificial."

- **Prompt Eficaz**: "Explique como o aprendizado profundo é utilizado em modelos de linguagem como o GPT-4."

**Explicação**: O primeiro prompt é vago, o que pode resultar em uma resposta ampla e imprecisa. O segundo prompt é específico e fornece contexto, o que ajuda a IA a focar na área desejada, resultando em uma resposta mais útil e precisa.

## 14.2 Como Estruturar Prompts para Máxima Clareza e Precisão

**Definição**: A estrutura de um prompt deve ser cuidadosamente planejada para garantir que a IA compreenda a tarefa com clareza. Isso envolve ser explícito quanto ao tipo de resposta esperada, o tom, o formato e os detalhes relevantes.

**Estrutura de um Prompt Eficaz:**

1. **Objetivo Claro**: O que você espera que a IA faça.

2. **Contexto ou Detalhes Específicos**: Informações adicionais que ajudarão a IA a entender a situação.

3. **Formato de Resposta Esperado**: Como você quer que a resposta seja estruturada (ex: lista, parágrafo etc.).

4. **Restrições ou Limitações**: Quaisquer restrições para garantir respostas concisas e precisas.

**Exemplo Prático:**

- **Prompt Ineficaz**: "Fale sobre o clima."

- **Prompt Eficaz**: "Explique as principais causas do aquecimento global, com foco no impacto da queima de combustíveis fósseis, em um parágrafo de 3-5 frases."

**Explicação:** O primeiro prompt é vago, o que pode gerar uma resposta ampla e desconexa. O segundo fornece um **contexto** específico (causas do aquecimento global), um **formato esperado** (parágrafo de 3-5 frases) e **restrições** para guiar a IA de forma mais eficiente.

### 14.3 Utilizando Exemplos e Comparações para Melhorar os Prompts

**Definição:** O uso de **exemplos** e **comparações** pode ajudar a IA a entender melhor o que é esperado dela, especialmente em tarefas mais complexas. Quando se fornecem exemplos, a IA tem uma referência clara para gerar a resposta de forma mais precisa.

**Exemplo Prático:**

- **Prompt Ineficaz:** "Escreva uma carta de apresentação."

- **Prompt Eficaz com Exemplo:** "Escreva uma carta de apresentação para uma vaga de desenvolvedor de software, destacando habilidades em programação Python e experiência com trabalho remoto. Exemplo: 'Caro(a) [nome], estou escrevendo para expressar meu interesse na vaga de desenvolvedor de software na [empresa]. Tenho experiência de 3 anos trabalhando com Python...'"

**Explicação:** O exemplo fornecido ajuda a IA a entender o formato, o tom e o tipo de conteúdo esperado para a carta de apresentação. Isso reduz a chance de a IA gerar uma resposta inadequada ou irrelevante.

### 14.4 Testando e Refinando Prompts: A Importância do Feedback

**Definição:** Testar e refinar os prompts é uma parte essencial do processo de engenharia de prompts. A cada interação, o engenheiro deve avaliar se a IA respondeu de maneira eficaz e ajustar o prompt conforme necessário para melhorar os resultados.

**Estratégias para Refinar Prompts:**

1. **Testar com Variações:** Experimente diferentes versões de um prompt para ver qual gera a melhor resposta.

2. **Analisar o Resultado**: Se a IA não produziu a resposta desejada, revise o prompt e adicione mais detalhes ou restrições.

3. **Ajuste de Tom e Contexto**: Dependendo do resultado, ajuste o tom (formal ou informal) e o nível de detalhe no prompt.

**Exemplo Prático:**

- **Prompt Inicial**: "Diga-me sobre o marketing digital."

- **Resultado da IA**: "Marketing digital é um campo que envolve várias estratégias para promover produtos ou serviços na internet."

- **Refinamento**: "Explique as principais estratégias de marketing digital para uma pequena empresa de e-commerce, destacando SEO, marketing de conteúdo e redes sociais."

**Explicação**: O refinamento do prompt com mais detalhes e contexto ajuda a IA a produzir uma resposta mais alinhada com o objetivo desejado. Testar e refinar continuamente os prompts é crucial para melhorar a precisão das interações.

## 14.5 Desafios Comuns na Criação de Prompts e Como Superá-los

**Definição**: A criação de prompts eficazes pode apresentar desafios, como obter respostas muito gerais ou fora do contexto, ou até mesmo gerar respostas enviesadas. Conhecer esses desafios e ter estratégias para superá-los é fundamental para um trabalho eficiente.

**Desafios Comuns:**

1. **Vagueza e Ambiguidade**: Prompts vagos podem levar a respostas genéricas.

   o **Solução**: Seja específico quanto ao que você espera da IA.

2. **Respostas Erradas ou Fora de Contexto**: Às vezes, a IA pode não entender corretamente o contexto e gerar respostas imprecisas.

o **Solução**: Inclua mais informações contextuais e defina claramente as expectativas.

3. **Respostas Longas ou Excessivas**: A IA pode fornecer respostas muito detalhadas quando você deseja algo conciso.

   o **Solução**: Adicione restrições claras de formato ou limite de palavras.

**Exemplo Prático:**

- **Prompt Ineficaz**: "Diga-me sobre a história da tecnologia."

- **Resultado da IA**: "A história da tecnologia é longa e envolve muitos eventos importantes... [Resposta extensa]"

- **Solução**: "Explique brevemente os principais marcos da história da tecnologia no século 20, com 200 palavras."

**Explicação**: A adição de uma **restrição de comprimento** e a **definição de um escopo específico** (século 20) ajudam a IA a fornecer uma resposta mais concisa e relevante, resolvendo o problema de respostas excessivamente longas.

**14.6 A Importância da Experimentação Contínua na Engenharia de Prompts**

**Definição**: A engenharia de prompts não é uma tarefa de uma única vez. Ela exige **experimentação contínua** e ajustes constantes à medida que as interações com a IA acontecem e novas situações surgem.

**Exemplo Prático:**

- **Prompt Inicial**: "Conte-me sobre o impacto da IA na medicina."

- **Resultado da IA**: "A IA tem várias aplicações na medicina, como diagnóstico, personalização de tratamentos, etc."

- **Ajuste do Prompt**: "Explique como a IA pode ser usada para diagnosticar doenças raras, com exemplos de tecnologias atuais."

**Explicação:** A experimentação contínua é crucial para refinar os prompts e melhorar a precisão das respostas, pois as necessidades podem mudar ao longo do tempo.

## 14.7 Conclusão

A prática de criar **prompts eficazes** envolve compreender as necessidades do usuário, definir claramente o objetivo da interação e otimizar a estrutura do prompt com base no feedback contínuo. A engenharia de prompts bem-sucedida exige uma abordagem iterativa, onde ajustes são feitos conforme a IA interage e aprende com os dados fornecidos.

Com uma boa prática, é possível maximizar a **precisão** e **relevância** das respostas da IA criando interações mais eficientes e agradáveis. Este capítulo forneceu estratégias e exemplos práticos para ajudar você a se tornar mais eficaz na criação de prompts e otimizar suas interações com IA.

---

Este **Capítulo 14** abordou as práticas essenciais para **criar e otimizar prompts**, com **exemplos práticos** e estratégias para garantir a eficácia e precisão das interações com IA.

---

# Capítulo 15: A Ética na Engenharia de Prompts: Garantindo Respostas Responsáveis e Imparciais

A engenharia de prompts não se resume apenas a criar comandos eficazes para obter resultados desejados, mas também envolve **considerações éticas** que garantem que as respostas da IA sejam **responsáveis, justas** e **imparciais**. Este capítulo aborda a importância de entender e aplicar práticas éticas na engenharia de prompts, além de fornecer exemplos para ajudar a implementar esses conceitos.

## 15.1 A Ética na Inteligência Artificial

**Definição:** A **ética na IA** refere-se à aplicação de princípios morais e valores para o desenvolvimento e uso de sistemas de inteligência artificial. No contexto da engenharia de prompts, isso significa garantir que os prompts sejam projetados de forma que a IA gere respostas que respeitem os direitos humanos, a privacidade, a diversidade e a não discriminação.

**Exemplo Prático:**

- **Prompt Ético:** "Forneça uma análise imparcial sobre as vantagens e desvantagens do uso de IA na medicina."

- **Prompt Ilegal ou Impróprio:** "Defina uma lista de médicos que são mais eficazes com o uso de IA considerando raça e etnia."

**Explicação:** No primeiro exemplo, o prompt está focado em uma questão ética, promovendo uma análise imparcial. Já no segundo exemplo, o prompt solicita informações que podem ser discriminatórias, violando princípios éticos e legais.

### 15.2 Evitando Viés e Discriminação nos Prompts

**Definição:** O **viés** na IA ocorre quando a IA reflete ou amplifica preconceitos presentes nos dados usados para treiná-la. Isso pode levar a respostas injustas ou discriminatórias. Na engenharia de prompts, é essencial que os prompts sejam cuidadosamente formulados para evitar viés na saída gerada pela IA.

**Exemplo Prático:**

- **Prompt Viés:** "Liste as profissões mais bem remuneradas para homens."

- **Prompt Imparcial:** "Liste as profissões mais bem remuneradas, com base nas estatísticas mais recentes, sem considerar o gênero."

**Explicação:** O primeiro prompt está introduzindo um viés de gênero, sugerindo que o salário é influenciado pelo gênero, enquanto o segundo é mais equilibrado, buscando dados imparciais sobre o assunto, sem influências externas.

## 15.3 Garantindo a Privacidade e a Confidencialidade nas Interações com IA

**Definição**: A **privacidade** e a **confidencialidade** referem-se à proteção das informações pessoais e sensíveis durante a interação com IA. Ao criar prompts, deve-se garantir que as informações fornecidas sejam tratadas de forma segura e não sejam utilizadas para fins não autorizados.

**Exemplo Prático**:

- **Prompt Ético**: "Resuma os principais resultados de um estudo de caso sobre segurança de dados na IA."

- **Prompt Inapropriado**: "Revele informações pessoais sobre os participantes de um estudo clínico de IA."

**Explicação**: O primeiro exemplo segue os princípios de privacidade, pedindo um resumo geral sobre um estudo. O segundo, por outro lado, violaria a confidencialidade e os direitos dos indivíduos envolvidos em um estudo, resultando em uma violação ética.

## 15.4 Evitando a Geração de Conteúdo Nocivo ou Perigoso

**Definição**: É essencial garantir que a IA não seja usada para gerar **conteúdo prejudicial**, como discursos de ódio, desinformação ou qualquer tipo de conteúdo que incite violência, discriminação ou comportamento nocivo. A engenharia de prompts deve ser projetada para garantir que a IA não seja usada para gerar tais respostas.

**Exemplo Prático**:

- **Prompt Responsável**: "Explique os impactos negativos da desinformação na sociedade moderna."

- **Prompt Impróprio**: "Crie um discurso que critique um grupo específico de pessoas baseado em suas crenças religiosas."

**Explicação**: O primeiro prompt é construtivo, promovendo uma discussão informada sobre desinformação. O segundo, ao contrário, promove um discurso de ódio e discriminação, o que não deve ser incentivado.

## 15.5 Como Lidar com Dados Sensíveis e Informações Críticas

**Definição: Dados sensíveis** incluem informações pessoais ou confidenciais, como números de cartão de crédito, dados de saúde ou informações bancárias. Os prompts precisam ser cuidadosamente formulados para garantir que dados sensíveis não sejam solicitados ou usados de maneira inadequada pela IA.

**Exemplo Prático:**

- **Prompt Ético**: "Explique como a criptografia é usada para proteger dados sensíveis em transações financeiras."

- **Prompt Inadequado**: "Peça informações bancárias do usuário para demonstrar como funciona a criptografia de dados."

**Explicação**: O primeiro exemplo se concentra em um aspecto técnico, sem solicitar informações pessoais. O segundo exemplo solicita dados sensíveis de forma inadequada, o que pode comprometer a segurança e a privacidade do usuário.

## 15.6 Responsabilidade ao Criar Prompts para IA Generativa

**Definição**: Ao criar prompts para IA generativa (como GPT, DALL·E ou outras plataformas), os engenheiros de prompt têm a **responsabilidade** de garantir que a IA seja utilizada para fins construtivos e não para gerar conteúdos danosos, imprecisos ou abusivos.

**Exemplo Prático:**

- **Prompt Responsável**: "Desenvolva um artigo sobre as melhores práticas para promover a sustentabilidade no setor de tecnologia."

- **Prompt Irresponsável**: "Crie um artigo de opinião que critique um grupo político com base em informações falsas."

**Explicação**: O primeiro prompt é ético, incentivando a criação de um conteúdo informativo e útil, enquanto o segundo direciona a IA para criar desinformação e conteúdo polarizado, o que deve ser evitado.

## 15.7 Práticas Recomendadas para Prompts Éticos

Para garantir que os prompts sejam éticos, considere as seguintes **práticas recomendadas:**

1. **Seja claro sobre o objetivo do prompt** e como ele pode impactar a sociedade.

2. **Evite usar linguagem ou termos que possam ser interpretados como discriminatórios**, preconceituosos ou que perpetuem estereótipos.

3. **Crie prompts inclusivos**, que reflitam a diversidade e não excluam ou marginalizem grupos específicos.

4. **Monitore constantemente os resultados gerados** pela IA e refine os prompts para evitar respostas indesejadas ou prejudiciais.

5. **Respeite as leis e regulamentos locais** sobre privacidade, proteção de dados e direitos humanos ao projetar prompts.

## 15.8 Exemplos de Prompts Éticos e Não Éticos

| Prompt Ético | Prompt Não Ético |
|---|---|
| "Explique as implicações éticas do uso de IA em decisões judiciais." | "Crie um perfil discriminatório sobre uma pessoa com base em sua raça." |
| "Desenvolva uma análise sobre os benefícios e desafios da IA no combate às mudanças climáticas." | "Escreva um artigo promovendo a disseminação de desinformação sobre vacinas." |
| "Forneça dicas para promover a inclusão digital em comunidades de baixa renda." | "Peça informações pessoais de indivíduos para gerar uma análise sobre segurança de dados." |

**Explicação:** O primeiro conjunto de prompts busca discussões construtivas e informativas, enquanto o segundo conjunto pode gerar conteúdos prejudiciais ou ilegais, refletindo a importância de criar prompts com responsabilidade.

### 15.9 Conclusão

A ética na engenharia de prompts é fundamental para garantir que as interações com IA sejam seguras, justas e responsáveis. A construção de prompts deve sempre levar em consideração os princípios éticos, como a **imparcialidade**, a **privacidade** e a **segurança**, para promover um uso positivo da tecnologia. Profissionais da área devem ser vigilantes, continuamente avaliando e ajustando seus prompts para evitar viés, discriminação ou outros problemas éticos.

Este capítulo forneceu as bases para criar **prompts éticos**, com exemplos claros e estratégias para integrar a responsabilidade nas práticas de engenharia de prompts.

---

## Capítulo 16: Como Otimizar e Ajustar Prompts para Resultados Consistentes

A otimização de prompts é uma das habilidades mais importantes na engenharia de prompts. Muitas vezes, um prompt inicial pode não gerar os resultados esperados. Nesse capítulo, exploraremos como **ajustar e otimizar** seus prompts para obter resultados consistentes e alinhados com suas necessidades.

### 16.1 O que é Otimização de Prompts?

**Definição:** A **otimização de prompts** envolve o processo de **ajustar e refinar** os comandos dados a uma IA para melhorar a qualidade, a precisão e a relevância das respostas geradas. A otimização visa maximizar a utilidade do modelo de IA reduzindo erros e tornando as respostas mais adequadas ao contexto.

**Exemplo Prático:**

- **Prompt Inicial:** "Fale sobre inteligência artificial."

- **Prompt Otimizado**: "Explique como a inteligência artificial pode ser aplicada para melhorar a segurança em sistemas bancários."

**Explicação**: O primeiro prompt é muito genérico e pode resultar em respostas vagas. Já o segundo é específico e direcionado, o que ajuda a IA a fornecer uma resposta mais detalhada e relevante.

### 16.2 A Importância de Ser Específico nos Prompts

**Definição**: Prompts vagos ou abertos muitas vezes geram respostas genéricas. Para obter resultados mais precisos e úteis, **é essencial ser específico** ao formular um prompt, fornecendo contexto claro e informações suficientes sobre o que se espera como resultado.

**Exemplo Prático:**

- **Prompt Vago**: "Como melhorar meu site?"

- **Prompt Específico**: "Quais são as melhores práticas para otimizar a velocidade de carregamento de um site e melhorar a experiência do usuário?"

**Explicação**: O primeiro prompt é aberto e pode gerar uma resposta ampla e imprecisa. O segundo, com mais detalhes, orienta a IA a focar em um aspecto específico, gerando uma resposta mais útil.

### 16.3 Ajuste de Parâmetros para Melhorar Resultados

**Definição**: Muitos sistemas de IA, como os modelos de linguagem, oferecem **parâmetros ajustáveis** que permitem controlar o comportamento das respostas. Parâmetros como **temperatura, comprimento máximo da resposta**, e **nível de criatividade** podem ser configurados para personalizar os resultados.

**Exemplo Prático:**

- **Prompt**: "Escreva uma introdução sobre tecnologia."

- o **Temperatura Alta (Mais Criatividade)**: "Escreva uma introdução criativa e envolvente sobre o impacto das tecnologias emergentes nas sociedades."

- o **Temperatura Baixa (Mais Objetivo)**: "Escreva uma introdução factual e objetiva sobre as tecnologias emergentes e seus impactos."

**Explicação**: Ajustando a temperatura, o modelo pode produzir respostas mais criativas ou mais objetivas, dependendo das necessidades do usuário.

## 16.4 Refinamento de Prompts para Tópicos Complexos

**Definição**: Tópicos complexos podem exigir **refinamento contínuo** dos prompts. Ao lidar com assuntos mais técnicos ou multifacetados, é importante dividir o prompt em partes menores ou adicionar detalhes contextuais para que a IA entenda a profundidade do que se busca.

**Exemplo Prático:**

- **Prompt Inicial**: "Explique a teoria da relatividade."

- **Prompt Refinado**: "Explique a teoria da relatividade de Einstein, focando nas diferenças entre a relatividade restrita e geral, com exemplos práticos para cada uma."

**Explicação**: O prompt inicial é amplo e pode resultar em uma explicação superficial. O prompt refinado fornece um foco específico, solicitando uma explicação detalhada de dois aspectos diferentes da teoria, com exemplos práticos, o que ajuda a IA a gerar uma resposta mais relevante e informativa.

## 16.5 Uso de Exemplos para Guiar a Resposta

**Definição**: Fornece **exemplos no próprio prompt** pode ajudar a IA a entender melhor o que é esperado e a gerar respostas mais alinhadas com os requisitos.

**Exemplo Prático:**

- **Prompt Sem Exemplos**: "Escreva uma resenha sobre o livro '1984' de George Orwell."

- **Prompt com Exemplos**: "Escreva uma resenha sobre o livro '1984' de George Orwell, incluindo uma análise da crítica ao totalitarismo, a estrutura narrativa e os personagens principais, como Winston e Julia."

**Explicação**: No primeiro exemplo, a IA pode gerar uma resenha superficial. Ao adicionar exemplos específicos do que deve ser abordado na resenha, a IA terá mais clareza sobre os pontos importantes a serem destacados.

### 16.6 Testando e Iterando para Melhorar Resultados

**Definição: Testar e iterar** é um processo contínuo de ajustar os prompts com base nos resultados que são gerados. Esse processo envolve analisar as respostas recebidas, fazer ajustes e testar novamente até que os resultados atendam às expectativas.

**Exemplo Prático:**

- **Primeiro Teste**: "Fale sobre as principais tendências de IA."

  o **Resultado**: Resposta genérica, sem detalhes relevantes.

- **Segunda Versão**: "Quais são as principais tendências de IA para 2024, com exemplos práticos de uso nas indústrias de saúde e finanças?"

  o **Resultado**: Resposta mais detalhada e direcionada.

**Explicação**: A primeira versão do prompt gerou uma resposta ampla e pouco útil, mas ao refinar a questão, a IA foi capaz de fornecer uma resposta mais específica e relevante. O processo de **testar e iterar** permite obter melhores resultados.

### 16.7 Ajustando a Complexidade para Diferentes Níveis de Conhecimento

**Definição**: É importante ajustar a **complexidade** do prompt de acordo com o nível de conhecimento do público-alvo. Se o objetivo é criar um conteúdo acessível para iniciantes, o prompt deve ser mais simples. Se for para um público avançado, pode-se usar termos técnicos ou conceitos mais aprofundados.

**Exemplo Prático:**

- **Para Iniciantes**: "O que é a inteligência artificial e como ela é usada em nossa vida cotidiana?"

- **Para Públicos Avançados**: "Explique os principais algoritmos de aprendizado supervisionado e suas aplicações em redes neurais profundas."

**Explicação**: O primeiro prompt é direcionado a iniciantes e usa uma linguagem simples, enquanto o segundo é mais técnico e adequado para um público com conhecimento prévio em IA. Ajustar o nível de complexidade ajuda a obter respostas mais apropriadas para o contexto.

## 16.8 O Impacto da Formatação do Prompt nos Resultados

**Definição**: A **formatação** do prompt pode influenciar a forma como a IA gera as respostas. O uso de listas, subtítulos, negrito ou outras formas de formatação pode tornar a consulta mais clara e permitir que a IA organize melhor suas respostas.

**Exemplo Prático**:

- **Prompt Simples**: "Liste as etapas do processo de desenvolvimento de software."

- **Prompt Formatado**: "Liste as **principais etapas** do processo de desenvolvimento de software, incluindo:

    1. Planejamento

    2. Design

    3. Implementação

    4. Testes

    5. Implantação"

**Explicação**: A formatação ajuda a IA a entender melhor o que se espera, resultando em uma resposta mais estruturada e organizada.

## 16.9 Considerações Finais sobre Otimização de Prompts

A otimização de prompts é um processo contínuo e interativo. Ao seguir práticas recomendadas como ser específico, ajustar parâmetros, usar exemplos e testar os resultados, você pode melhorar significativamente a qualidade e a precisão das respostas geradas pela IA. A **otimização contínua** dos prompts é essencial para obter resultados consistentes e de alta qualidade.

No final, entender os nuances de cada modelo de IA, testar variações de prompts e aplicar ajustes com base no feedback são as chaves para uma engenharia de prompts bem-sucedida.

Esse capítulo fornece uma base sólida para otimizar seus prompts, garantindo que você possa obter respostas cada vez mais precisas e eficazes em suas interações com modelos de IA.

## Capítulo 17: Como Avaliar e Medir a Qualidade das Respostas da IA

Avaliar a qualidade das respostas geradas por um modelo de IA é essencial para garantir que os prompts estejam bem formulados e as respostas atendam às expectativas. Este capítulo explora as **métricas e técnicas** que você pode usar para medir a eficácia das respostas geradas e como melhorar seus prompts com base nesses feedbacks.

### 17.1 O que é Avaliação da Qualidade das Respostas da IA?

**Definição:** Avaliar a **qualidade das respostas da IA** envolve medir quão bem a IA atende aos requisitos do prompt, incluindo **precisão, clareza, relevância** e **completude**. A avaliação é uma parte crítica do processo de engenharia de prompts, pois ajuda a identificar falhas e áreas para otimização.

**Exemplo Prático:**

- **Prompt**: "Explique como funciona um algoritmo de aprendizado de máquina."

- **Resposta da IA**: "Um algoritmo de aprendizado de máquina usa dados para identificar padrões e fazer previsões, ajustando seus parâmetros ao longo do tempo."

- **Avaliação**: A resposta é **precisa**, **clara** e **relevante**, mas falta uma explicação mais detalhada sobre o processo de treinamento ou tipos de algoritmos.

**Explicação**: Uma avaliação inicial mostra que a resposta é boa, mas pode ser aprimorada com mais detalhes técnicos sobre o treinamento do modelo.

## 17.2 Métricas Comuns para Avaliação de Respostas

Existem várias **métricas** que você pode usar para avaliar as respostas da IA. Cada uma foca em aspectos diferentes da resposta.

1. **Precisão (Accuracy)**: Mede o quão correta a informação fornecida pela IA é, comparando com fontes confiáveis ou o esperado.

   o **Exemplo**: Se o prompt pergunta sobre a fórmula de uma equação matemática e a resposta está correta, a precisão é alta.

2. **Relevância**: Refere-se à adequação da resposta ao prompt. Respostas relevantes atendem diretamente à pergunta feita, sem se desviar do tema.

   o **Exemplo**: Se o prompt pede uma explicação sobre IA e a resposta fala sobre tecnologia em geral, a relevância é baixa.

3. **Completude**: Mede o quão bem a resposta cobre todos os aspectos solicitados no prompt.

   o **Exemplo**: Se um prompt pede uma análise de um tema com múltiplos componentes (por exemplo, causas e efeitos), a resposta deve cobrir todos esses componentes.

4. **Clareza**: Avalia se a resposta é bem estruturada e fácil de entender.

   ○ **Exemplo**: Respostas muito técnicas ou confusas diminuem a clareza, mesmo se forem precisas.

5. **Consistência**: Verifica se as respostas são internas e coerentes, sem contradições.

   ○ **Exemplo**: Uma IA que afirma duas coisas opostas em uma mesma resposta compromete a consistência.

## 17.3 Como Usar Feedback Humano para Avaliar Respostas

**Definição**: Uma das melhores formas de avaliar a qualidade das respostas é por meio de **feedback humano**. O feedback de especialistas ou usuários finais pode fornecer uma visão mais precisa sobre a utilidade e a relevância das respostas geradas pela IA.

**Exemplo Prático**:

- **Prompt**: "Quais são as vantagens do aprendizado supervisionado em IA?"

- **Resposta da IA**: "O aprendizado supervisionado permite que modelos façam previsões precisas com dados rotulados. Ele é ideal para tarefas como reconhecimento de imagem e previsão de vendas."

- **Avaliação com Feedback Humano**: O especialista pode fornecer feedback dizendo que a resposta é boa, mas falta mais detalhes sobre os tipos específicos de algoritmos supervisionados e exemplos de aplicações no mundo real.

**Explicação**: O feedback humano permite que você compreenda melhor se a resposta gerada é eficaz para um público-alvo e, assim, ajustar o prompt ou as respostas para melhorar a clareza e a profundidade.

## 17.4 Técnicas de Revisão de Respostas da IA

Além de métricas quantitativas, as **técnicas de revisão qualitativa** também são importantes. Algumas estratégias incluem:

1. **Revisão Manual**: Verificar se a resposta atende aos requisitos do prompt e se possui erros evidentes ou falta de detalhes.

   o **Exemplo**: Para um prompt sobre a história da IA, uma revisão manual pode identificar que a resposta se concentrou apenas em um aspecto (por exemplo, a IA moderna) e ignorou o contexto histórico.

2. **Comparação com Fontes Confiáveis**: Verificar se a resposta da IA corresponde a informações corretas, consultando fontes externas.

   o **Exemplo**: Verificar se uma resposta sobre um conceito matemático está em conformidade com o que é descrito em livros ou artigos acadêmicos.

3. **Avaliação por Pares**: Obter uma segunda opinião de outro especialista ou usuário para validar a resposta.

   o **Exemplo**: Após receber uma resposta sobre um algoritmo de aprendizado profundo, outro especialista pode verificar se a explicação está correta e se os exemplos fornecidos são apropriados.

## 17.5 Ferramentas para Medir a Qualidade das Respostas

Existem ferramentas e plataformas que ajudam a **medir e avaliar a qualidade das respostas** de IA. Algumas delas incluem:

1. **OpenAI API**: A OpenAI oferece ferramentas como o **GPT-4** para comparar respostas e avaliar com base em múltiplos critérios, como completude, relevância e precisão.

2. **HumanEval**: Ferramenta que permite testar o desempenho de modelos de IA, especialmente para programação e tarefas técnicas.

3. **Metricas de Texto**: Ferramentas como o **ROUGE** e o **BLEU** são comumente usadas para avaliar a **qualidade do texto gerado** em comparação com textos de referência, especialmente em tarefas de geração de linguagem natural (NLG).

**Exemplo Prático:**

- **Ferramenta:** Utilizar uma ferramenta como o **GPT-4** para comparar a resposta de um modelo com respostas anotadas de especialistas.

- **Resultado:** Se o modelo gerar uma resposta que tem uma pontuação alta em precisão e clareza, você pode confiar que o prompt está bem formulado. Caso contrário, ajustes podem ser feitos.

## 17.6 Melhorando os Prompts com Base na Avaliação

Uma vez que você tenha uma **avaliação detalhada** das respostas da IA, o próximo passo é usar esse feedback para melhorar seus prompts. Algumas estratégias incluem:

1. **Ajustar a Especificidade do Prompt:** Se a resposta foi vaga ou imprecisa, torne o prompt mais específico, incluindo mais detalhes sobre o que é esperado.

   - **Exemplo:** Em vez de pedir apenas "explique IA", pergunte "explique a diferença entre aprendizado supervisionado e não supervisionado com exemplos práticos."

2. **Refinar Parâmetros da IA:** Se a resposta foi clara, mas não suficiente em profundidade, experimente ajustar os parâmetros da IA, como o comprimento da resposta ou o nível de detalhamento.

3. **Incluir Exemplos Adicionais no Prompt:** Se a resposta foi boa, mas faltou um exemplo relevante, inclua mais exemplos no prompt para ajudar a IA a compreender melhor o contexto.

## 17.7 Considerações Finais sobre Avaliação de Respostas da IA

Avaliar as respostas da IA de forma eficaz é essencial para melhorar a qualidade do trabalho gerado e garantir que a IA esteja atendendo aos requisitos do prompt de maneira eficiente. Ao usar uma combinação de **métricas objetivas, feedback humano** e **ferramentas de avaliação,** você pode obter uma visão clara sobre a qualidade das respostas e fazer ajustes apropriados nos prompts.

A prática contínua de avaliar e ajustar suas interações com IA levará à criação de prompts cada vez mais eficazes e melhores resultados em suas implementações.

Este capítulo fornece as ferramentas e os métodos necessários para avaliar e medir a qualidade das respostas geradas por IA ajudando a aprimorar suas práticas de engenharia de prompts.

## Capítulo 18: Como Usar Engenharia de Prompts para Aplicações Específicas de IA

A engenharia de prompts não se limita a uma abordagem genérica; ela pode ser altamente eficaz quando aplicada a contextos e **aplicações específicas** de IA. Neste capítulo, exploraremos como adaptar e otimizar prompts para diferentes cenários, como **geração de texto, análise de dados, assistência virtual** e **automação de processos**.

### 18.1 O que São Aplicações Específicas de IA?

**Definição**: Aplicações específicas de IA são soluções projetadas para atender a necessidades e requisitos particulares em áreas como **saúde, finanças, educação, atendimento ao cliente**, entre outros. Para que a IA seja eficaz nessas áreas, é necessário um design de prompt altamente focado e contextualizado.

**Exemplo Prático:**

- **Aplicação Específica**: IA em saúde (diagnóstico médico assistido).

- **Prompt Genérico**: "Explique os sintomas de uma doença."

- **Prompt Específico**: "Explique os sintomas mais comuns da diabetes tipo 2 em adultos, incluindo sinais precoces e complicações a longo prazo."

**Explicação:** Enquanto um prompt genérico pode gerar uma resposta vaga e imprecisa, um prompt específico oferece uma **direção clara** para a IA garantindo respostas mais detalhadas e relevantes.

## 18.2 Engenharia de Prompts para Geração de Texto

Uma das aplicações mais comuns de IA é a **geração de texto**. Seja para criar artigos, escrever código ou gerar resumos, o design de prompts pode influenciar diretamente a qualidade do texto gerado.

1. **Desenvolvimento de Artigos ou Conteúdos Criativos:**

   o **Prompt Genérico:** "Escreva sobre a mudança climática."

   o **Prompt Específico:** "Escreva um artigo de 800 palavras sobre os efeitos da mudança climática nas cidades costeiras, focando em exemplos de adaptação em Nova York e Tóquio."

**Exemplo Prático:** Um conteúdo mais direcionado pode incluir exemplos ou detalhes específicos que permitem uma **produção mais focada e rica em informações**. A IA pode expandir com mais profundidade, evitando respostas genéricas.

2. **Criação de Resumos e Sínteses:**

   o **Prompt Genérico:** "Resuma o livro '1984'."

   o **Prompt Específico:** "Resuma o livro '1984' de George Orwell, enfatizando os temas de totalitarismo, vigilância e liberdade individual."

**Explicação:** Ao focar em aspectos específicos do livro, você garante que a IA produza uma síntese mais rica, alinhada ao objetivo desejado, em vez de um simples resumo superficial.

## 18.3 Engenharia de Prompts para Análise de Dados

Em aplicações de **análise de dados**, a IA pode ser usada para interpretar grandes volumes de informações e gerar insights valiosos. No entanto, para obter resultados úteis, a engenharia de prompts deve ser adaptada à natureza dos dados e ao tipo de análise que se deseja realizar.

1. **Análise de Tendências:**

   o **Prompt Genérico:** "Analise os dados de vendas."

   o **Prompt Específico:** "Analise os dados de vendas do segundo trimestre de 2024 e identifique as tendências emergentes em vendas de smartphones e laptops, destacando a relação com campanhas de marketing específicas."

**Exemplo Prático:** Um prompt mais específico pode guiar a IA a fazer conexões entre variáveis e gerar insights valiosos, como o impacto de uma campanha de marketing sobre as vendas de certos produtos.

2. **Geração de Relatórios e Visualizações:**

   o **Prompt Genérico:** "Crie um relatório sobre as métricas de desempenho."

   o **Prompt Específico:** "Crie um relatório de desempenho de vendas para o mês de novembro de 2024, incluindo uma análise gráfica das vendas por região e uma previsão para o próximo mês."

**Explicação:** A inclusão de detalhes sobre o **escopo temporal**, o tipo de **visualização** e os **aspectos da análise** ajuda a IA a gerar um relatório mais focado e útil para decisões estratégicas.

## 18.4 Engenharia de Prompts para Assistentes Virtuais

Os **assistentes virtuais** são uma das aplicações mais comuns de IA. Desde responder perguntas até executar tarefas complexas, os assistentes precisam de prompts bem definidos para entender exatamente o que o usuário espera.

1. **Atendimento ao Cliente:**

   o **Prompt Genérico:** "Ajude-me a resolver um problema."

- Prompt Específico: "Estou tendo problemas para fazer login na minha conta bancária online. Você pode me ajudar a redefinir minha senha e verificar se há alguma atualização na plataforma?"

**Exemplo Prático:** Quando o prompt é mais específico, o assistente pode guiar o usuário por um processo detalhado e eficaz, ao invés de fornecer uma resposta vaga ou desnecessária.

2. **Agendamento de Compromissos:**

- Prompt Genérico: "Agende uma reunião."

- Prompt Específico: "Agende uma reunião com o Dr. Silva para revisar os resultados do meu exame, no dia 20 de dezembro, entre 14h e 16h."

**Explicação:** Ao fornecer detalhes sobre o horário, a pessoa envolvida e o propósito da reunião, a IA pode garantir que o agendamento seja feito de forma eficiente e sem erros.

**18.5 Engenharia de Prompts para Automação de Processos**

A automação de processos é uma aplicação chave de IA em **negócios** e **indústrias**. A engenharia de prompts pode ajudar a otimizar tarefas repetitivas e melhorar a eficiência.

1. **Automação de E-mails:**

- Prompt Genérico: "Envie um Email para o cliente."

- Prompt Específico: "Envie um email para o cliente João Silva agradecendo pela compra do produto X, oferecendo um desconto de 10% na próxima compra e lembrando-o de nossa política de devoluções."

**Exemplo Prático:** Um prompt específico ajuda a IA a entender o tom do Email, incluir informações precisas e personalizar a mensagem para cada situação.

2. **Automação de Processos de RH:**

- o **Prompt Genérico**: "Aguarde o envio de currículos."

- o **Prompt Específico**: "Verifique os currículos recebidos para a vaga de Desenvolvedor Full Stack e destaque os candidatos com mais de 3 anos de experiência em React e Node.js."

**Explicação**: A especificidade no prompt permite que a IA realize uma análise mais eficiente e eficaz, filtrando os candidatos que atendem aos critérios essenciais.

### 18.6 Considerações Finais sobre Aplicações Específicas de IA

**Definição e Importância**: A engenharia de prompts aplicada a **aplicações específicas de IA** permite que a IA produza resultados mais relevantes e úteis, além de aumentar a **eficiência** e a **precisão**. A chave para o sucesso em cada aplicação é adaptar os prompts ao contexto e ao objetivo desejado, garantindo que a IA forneça a melhor resposta possível.

Ao entender as **particularidades de cada aplicação** e formular prompts mais **detalhados e focados**, você será capaz de explorar ao máximo o potencial das **ferramentas de IA** alcançando resultados superiores e mais eficazes para suas necessidades específicas.

---

Este capítulo forneceu uma visão geral de como adaptar a **engenharia de prompts** para diversas aplicações de IA, desde **geração de texto** até **automação de processos**. Com esses conhecimentos, você pode otimizar sua interação com IA para atender a necessidades específicas em diferentes contextos.

---

# Capítulo 19: Como Iterar e Melhorar Seus Prompts ao Longo do Tempo

A melhoria contínua é uma parte essencial do processo de **engenharia de prompts**. À medida que você interage mais com modelos de IA, você aprenderá a aprimorar os prompts, tornando-os mais eficazes e adaptados ao contexto. Este capítulo se concentra em como **iterar** e **melhorar** seus prompts ao longo do tempo para alcançar respostas mais precisas, relevantes e úteis.

## 19.1 O Que é Iteração de Prompts?

**Definição**: A **iteração de prompts** envolve a prática de ajustar, modificar e **refinar os prompts** com base nas respostas geradas pela IA. A ideia é testar variações de prompts, analisar os resultados e, com isso, melhorar a eficácia do modelo para atender a requisitos específicos.

**Exemplo Prático**:

- **Prompt Inicial**: "Explique como fazer uma análise de dados."

- **Resposta da IA**: "A análise de dados envolve coletar, organizar e interpretar dados para tomar decisões informadas."

- **Primeira Iteração**: "Explique como realizar uma análise de dados utilizando Python e bibliotecas como Pandas e Matplotlib."

- **Resposta da IA**: "Para realizar uma análise de dados com Python, você pode usar o Pandas para manipulação de dados e o Matplotlib para visualizações."

**Explicação**: A primeira iteração do prompt foi refinada para incluir mais detalhes sobre ferramentas específicas, resultando em uma resposta mais útil e aplicável ao contexto técnico.

## 19.2 Quando Iterar Seus Prompts?

**Definição**: A iteração de prompts é necessária quando as respostas da IA não atendem aos seus objetivos ou quando há uma **lacuna de informações** na resposta. Isso pode acontecer quando a IA fornece respostas **vagas**, **imprecisas** ou **irrelevantes**.

**Exemplo Prático**:

- **Prompt Inicial**: "Como melhorar a performance de um modelo de aprendizado de máquina?"

- **Resposta da IA**: "Melhore a performance ajustando os parâmetros do modelo."

- **Primeira Iteração**: "Quais são as melhores técnicas de ajuste de hiper parâmetros para melhorar a performance de modelos de aprendizado supervisionado, e como utilizar validação cruzada para otimizar esses parâmetros?"

**Explicação**: O primeiro prompt era vago e a resposta era genérica. A iteração foi necessária para guiar a IA a uma resposta mais detalhada e específica, cobrindo **técnicas de ajuste de hiperparâmetros** e **validação cruzada**, elementos essenciais para a melhoria de um modelo.

### 19.3 Estratégias para Iteração de Prompts

Aqui estão algumas **estratégias** para melhorar seus prompts de forma eficaz:

1. **Adicionar Contexto Específico**: Se a resposta da IA for muito genérica, forneça mais **informações contextuais** para ajudar a IA a gerar uma resposta mais relevante.

   o **Exemplo**: "Explique como utilizar o método KNN para classificação em problemas de análise de imagem."

**Explicação**: O contexto adicional ajuda a IA a entender qual abordagem específica ela deve usar, melhorando a qualidade da resposta.

2. **Usar Perguntas Mais Diretas e Claras**: Em vez de perguntas amplas, torne seus prompts mais diretos e específicos. Isso pode ajudar a IA a entender exatamente o que você precisa.

   o **Exemplo**: Em vez de "Fale sobre algoritmos de aprendizado supervisionado", use "Quais são as diferenças entre os algoritmos de árvore de decisão e regressão logística?"

**Explicação**: A clareza no prompt evita respostas vagas e garante que a IA forneça uma comparação direta entre os dois algoritmos.

3. **Definir Limites e Restrições:** Estabelecer limites ou restrições claras ajuda a IA a entender melhor os **parâmetros** do que se espera em uma resposta.

   o **Exemplo:** "Explique os benefícios do aprendizado de máquina em 200 palavras, destacando a aplicabilidade na área da saúde."

**Explicação:** Ao definir limites como o número de palavras e o foco no setor da saúde, a IA fornecerá uma resposta mais focada e concisa.

4. **Incluir Exemplos:** Forneça exemplos específicos no seu prompt para guiar a IA na geração de respostas mais direcionadas.

   o **Exemplo:** "Explique a técnica de regularização L2 com um exemplo prático de implementação em Python utilizando Scikit-learn."

**Explicação:** O exemplo de implementação ajuda a IA a se concentrar em um aspecto prático da técnica, proporcionando uma explicação mais útil e aplicável.

### 19.4 Analisando e Aprendendo com as Respostas da IA

Cada resposta gerada pela IA é uma oportunidade de aprendizado. Após receber a resposta, faça uma análise crítica para identificar **onde o modelo foi bem** e **onde ele falhou**. Use essa análise para iterar seus prompts e melhorar a precisão das respostas.

**Exemplo Prático:**

- **Prompt Inicial:** "Explique como usar redes neurais profundas para reconhecimento de imagem."

- **Resposta da IA:** "Redes neurais profundas são usadas em reconhecimento de imagem para analisar grandes conjuntos de dados e aprender padrões."

- **Análise:** A resposta é vaga e carece de detalhes técnicos, como tipos de redes neurais profundas e exemplos de aplicações.

- **Segunda Iteração do Prompt:** "Explique como usar redes neurais convolucionais (CNNs) para reconhecimento de imagem, incluindo uma descrição de sua arquitetura e um exemplo de aplicação."

- **Resposta da IA:** "As redes neurais convolucionais (CNNs) são projetadas para processar dados em formato de grade, como imagens. Elas são eficazes no reconhecimento de padrões em imagens devido à sua capacidade de aprender características espaciais hierárquicas."

**Explicação:** A segunda iteração do prompt forneceu mais detalhes e especificidade, resultando em uma resposta mais focada e técnica.

### 19.5 Ferramentas para Ajudar na Iteração de Prompts

Algumas ferramentas podem ser extremamente úteis ao iterar seus prompts:

1. **Exploradores de Prompt:** Ferramentas como **OpenAI Playground** ou **Prompt Engineering Tools** permitem que você teste diferentes variações de prompts e avalie como pequenas mudanças afetam as respostas geradas.

2. **Ferramentas de Feedback de Usuário:** Plataformas de feedback, como **SurveyMonkey** ou **Google Forms**, podem ser usadas para coletar opiniões de usuários sobre a clareza e relevância das respostas da IA ajudando a identificar áreas que precisam de ajustes.

3. **Modelos de Avaliação de Qualidade de Texto:** Ferramentas como **ROUGE** e **BLEU** são amplamente usadas para medir a qualidade das respostas geradas em tarefas de **geração de texto**. Essas ferramentas podem ajudar a quantificar a melhoria de suas respostas ao longo do tempo.

### 19.6 Testes A/B de Prompts

**Definição:** Os **testes A/B** são uma ótima estratégia para iterar prompts. Ao criar duas ou mais versões de um mesmo prompt, você pode comparar as respostas e determinar qual versão gera os resultados mais eficazes.

**Exemplo Prático:**

- **Versão A:** "Como melhorar a performance de um modelo de aprendizado de máquina?"

- **Versão B:** "Quais técnicas de otimização de hiper parâmetros são mais eficazes para melhorar a performance de modelos de aprendizado supervisionado?"

Realizar um teste A/B ajudará a determinar qual versão do prompt gera a resposta mais útil e informativa, permitindo que você continue refinando suas abordagens.

### 19.7 Considerações Finais sobre Iteração de Prompts

**Definição e Importância:** A iteração de prompts é um processo contínuo e essencial para garantir que você obtenha as respostas mais precisas e úteis da IA. Ao revisar as respostas, ajustar o nível de detalhamento, e testar novas versões, você pode maximizar a eficácia de seus prompts ao longo do tempo.

**Explicação:** Iterar seus prompts é uma habilidade essencial para qualquer engenheiro de prompts. Com prática e paciência, você poderá melhorar a qualidade das respostas da IA adaptando os prompts às necessidades específicas e obtendo resultados mais precisos e aplicáveis. O processo de iteração é fundamental para a **evolução constante** na interação com IA e para alcançar os melhores resultados possíveis.

---

Este capítulo fornece uma abordagem prática e estratégica para melhorar seus prompts, garantindo que suas interações com a IA se tornem cada vez mais eficazes e precisas.

---

# Capítulo 20: Melhores Práticas para Garantir Respostas Éticas e Responsáveis da IA

Ao interagir com modelos de inteligência artificial, é essencial adotar práticas que assegurem respostas não apenas precisas, mas também **éticas** e **responsáveis**. Este capítulo aborda como construir prompts que promovam respostas que respeitem os **valores éticos**, as **normas sociais** e as **diretrizes legais**, além de como evitar vieses e gerar conteúdo seguro.

## 20.1 O Que São Respostas Éticas e Responsáveis da IA?

**Definição**: Respostas **éticas** e **responsáveis** são aquelas que respeitam princípios fundamentais como **igualdade, justiça, transparência** e **não discriminação**. Elas também devem evitar criar conteúdo prejudicial, enganoso ou que violente as normas legais e sociais.

**Exemplo Prático:**

- **Prompt Ético**: "Explique como um modelo de IA pode ser usado para melhorar o atendimento a pacientes com deficiência auditiva."

- **Resposta Ética**: "Modelos de IA podem ajudar na melhoria do atendimento a pacientes com deficiência auditiva ao integrar transcrição automática de fala em tempo real, dispositivos de leitura labial assistida e tradução de linguagem de sinais."

**Explicação**: A resposta aborda de maneira ética a utilização da IA em um contexto inclusivo e benéfico para a sociedade.

## 20.2 Importância de Considerar Ética ao Criar Prompts

**Definição**: Incorporar **preocupações éticas** no processo de **engenharia de prompts** é crucial para prevenir a geração de respostas que possam ser prejudiciais, discriminatórias ou enganosas. Como os modelos de IA são treinados em grandes volumes de dados, eles podem refletir vieses existentes e produzir respostas inadequadas se não forem devidamente orientados.

**Exemplo Prático:**

- **Prompt Inicial**: "Diga-me se um candidato a um emprego cometeu erros graves durante uma entrevista."

- **Resposta Potencialmente Prejudicial**: A IA pode dar uma resposta preconceituosa ou discriminatória, dependendo de como o prompt é formulado, como no caso de incluir características irrelevantes ou preconceituosas, como idade ou gênero.

**Explicação**: Esse exemplo mostra como um prompt mal formulado pode gerar respostas discriminatórias ou de julgamento injusto. É crucial garantir que o prompt seja neutro e focado nas habilidades do candidato, sem recorrer a estereótipos.

### 20.3 Estratégias para Criar Prompts Éticos

Aqui estão algumas **estratégias** para garantir que seus prompts gerem respostas éticas e responsáveis:

1. **Evite Estereótipos e Vieses**: Sempre que possível, **formule seus prompts de maneira inclusiva** e **imparcial** para evitar que a IA gere respostas tendenciosas ou baseadas em estereótipos.

   - **Exemplo de Prompt Imparcial**: "Explique as vantagens de uma política de diversidade em uma organização."

   - **Exemplo com Viés**: "Por que as mulheres têm mais dificuldade para liderar equipes?"

**Explicação**: A primeira versão do prompt promove uma discussão ética e construtiva sobre diversidade. A segunda versão contém um viés que pode resultar em uma resposta prejudicial e discriminatória.

2. **Encoraje Respostas Baseadas em Fatos e Evidências**: Ao solicitar informações, garanta que a IA tenha um foco claro em fornecer **informações verificáveis** e **baseadas em evidências**, especialmente em áreas como saúde, ciência e educação.

   - **Exemplo Ético**: "Quais são os efeitos comprovados do exercício físico na saúde mental?"

- o **Exemplo Inadequado**: "O que dizem os médicos sobre as curas milagrosas para doenças mentais?"

**Explicação**: A primeira questão solicita uma resposta com base em evidências científicas, enquanto a segunda pode levar a respostas não fundamentadas e até prejudiciais.

3. **Evite Solicitar Conteúdo Inapropriado ou Prejudicial**: Certifique-se de que seus prompts não solicitem ou incentivem a criação de conteúdo nocivo, como discurso de ódio, desinformação ou material inadequado.

   - o **Exemplo de Prompt Ético**: "Como podemos melhorar o apoio psicológico para jovens em situação de vulnerabilidade?"

   - o **Exemplo Inadequado**: "O que fazer quando alguém se sente vingativo e deseja prejudicar outra pessoa?"

**Explicação**: A primeira questão promove uma discussão saudável e construtiva, enquanto a segunda pode levar a sugestões que incitam comportamentos prejudiciais.

4. **Seja Claro e Específico**: Ao criar prompts, **clareza e especificidade** são essenciais para garantir que as respostas geradas sejam úteis e respeitem normas éticas. Isso ajuda a evitar respostas que possam ser mal interpretadas ou prejudiciais.

   - o **Exemplo Claro**: "Quais são as melhores práticas para a criação de um ambiente de trabalho inclusivo?"

   - o **Exemplo Vago**: "Fale sobre diversidade no ambiente de trabalho."

**Explicação**: O primeiro prompt direciona a IA a fornecer informações detalhadas e práticas, enquanto o segundo é vago e pode resultar em respostas imprecisas ou mal orientadas.

**20.4 Como Monitorar e Ajustar as Respostas Geradas**

**Definição:** O monitoramento contínuo das respostas da IA é essencial para garantir que os resultados sejam **responsáveis e éticos**. Em algumas situações, a IA pode gerar respostas inadequadas, que precisam ser ajustadas ou filtradas.

**Exemplo Prático:**

- Se uma IA gerar uma resposta com conteúdo prejudicial ou incorreto, é necessário intervir e ajustar o prompt ou até mesmo restringir certos tópicos de discussão. Além disso, sempre que um feedback negativo for identificado (como uma resposta que envolva estereótipos), é importante ajustar os prompts para minimizar esses vieses.

**Explicação:** A vigilância constante é fundamental para garantir que os sistemas de IA sigam os padrões éticos e não perpetuem problemas sociais, como discriminação ou desinformação.

### 20.5 Implementação de Filtros e Diretrizes de Segurança

**Definição:** Algumas plataformas e modelos de IA oferecem **filtros de segurança** integrados que podem ser utilizados para bloquear respostas impróprias. Além disso, é importante adotar diretrizes claras de segurança e conformidade para regular o tipo de conteúdo gerado.

**Exemplo Prático:**

- Em algumas plataformas, é possível configurar **filtros de conteúdo** que automaticamente identificam e bloqueiam respostas com linguagem ofensiva, informações falsas ou conteúdo prejudicial.

**Explicação:** Filtros de segurança atuam como uma camada adicional de proteção para garantir que a IA não gere respostas que possam ser prejudiciais ou fora dos padrões éticos estabelecidos.

### 20.6 Vieses na IA e Como Mitigá-los

**Definição: Vieses** na IA são tendências ou preconceitos imprevistos que podem surgir durante o treinamento do modelo, muitas vezes com base em

**dados desbalanceados** ou **informações tendenciosas**. Esses vieses podem levar a resultados discriminatórios ou injustos.

**Exemplo Prático:**

- Se um modelo de IA for treinado com dados predominantemente de uma única cultura ou grupo demográfico, ele pode gerar respostas que são desproporcionais ou injustas para outros grupos. Isso pode ser mitigado ao treinar modelos com dados **diversificados e equilibrados** e ao ajustar os prompts para serem mais inclusivos.

**Explicação:** Ao entender os vieses potenciais e trabalhar ativamente para corrigi-los, podemos garantir que as respostas geradas sejam mais justas e representativas.

### 20.7 Considerações Finais sobre Respostas Éticas da IA

**Definição e Importância:** A criação de prompts éticos e responsáveis é crucial para garantir que a IA seja usada para **melhorar a sociedade, respeitar os direitos humanos** e promover **resultados justos e inclusivos**. Ao considerar as implicações éticas de nossos prompts, podemos criar uma IA que seja verdadeiramente benéfica para todos.

**Explicação:** Este capítulo destaca a importância de promover práticas responsáveis e éticas na engenharia de prompts. O uso consciente da IA pode contribuir significativamente para o bem-estar coletivo, prevenindo danos e criando oportunidades de crescimento sustentável e inclusivo.

---

Este capítulo forneceu uma visão completa sobre como criar e monitorar prompts de maneira ética e responsável. Ao aplicar essas práticas, podemos garantir que a IA seja utilizada para fins construtivos e para promover valores positivos em nossa sociedade.

# Capítulo 21: A Evolução dos Modelos de IA e Suas Implicações no Futuro da Engenharia de Prompts

À medida que a inteligência artificial (IA) continua a se desenvolver, é essencial compreender como os **modelos de IA** estão evoluindo e como essa evolução impacta as práticas de engenharia de prompts. Este capítulo explora as mudanças nos modelos de IA, as tendências emergentes e como essas mudanças devem influenciar a criação de prompts eficazes e a interação com a IA no futuro.

## 21.1 A Evolução dos Modelos de IA: De Regras Simples a Redes Neurais Complexas

**Definição**: A evolução dos modelos de IA reflete uma transição de abordagens **baseadas em regras** para **modelos de aprendizado de máquina** e **redes neurais profundas**. Inicialmente, os modelos de IA eram alimentados por regras fixas e programadas manualmente, mas com o tempo, passamos para modelos mais flexíveis e dinâmicos que podem aprender com dados e melhorar com o tempo.

**Exemplo Prático:**

- **Modelo Antigo:** Um sistema de IA que segue regras explícitas, como "Se o número for maior que 10, então a resposta é 'maior'." Esse tipo de modelo tem capacidade limitada para lidar com variáveis complexas.

- **Modelo Atual:** Redes neurais profundas, como o GPT (Generative Pre-trained Transformer), que são treinadas em grandes volumes de dados e podem aprender padrões e gerar respostas mais fluídas e variadas, sem depender de regras fixas.

**Explicação**: A principal mudança é que os modelos atuais são mais **flexíveis** e **autoadaptáveis**, permitindo que possamos formular prompts mais complexos e obter respostas mais naturais e precisas.

## 21.2 O Impacto do Aprendizado Profundo na Engenharia de Prompts

**Definição**: O **aprendizado profundo** (deep learning) tem um impacto direto na engenharia de prompts, pois esses modelos conseguem processar uma quantidade massiva de dados e gerar respostas altamente contextuais e relevantes.

**Exemplo Prático**:

- **Prompt Anterior**: "Qual é o clima hoje?"

    o **Modelo Tradicional**: O modelo pode precisar de regras específicas para acessar uma API de clima e fornecer uma resposta simples.

    o **Modelo de Aprendizado Profundo**: O modelo pode entender nuances, como sua localização geográfica implícita ou preferências anteriores, e fornecer uma resposta mais personalizada, como "Hoje o clima em São Paulo será parcialmente nublado, com possibilidade de chuva no final da tarde."

**Explicação**: Modelos mais avançados, como os baseados em aprendizado profundo, podem lidar com **contextos mais amplos** e **respostas mais dinâmicas**, o que exige prompts mais bem elaborados para alcançar melhores resultados.

### 21.3 Modelos de IA Multimodais: Integração de Texto, Imagem e Áudio

**Definição**: **Modelos multimodais** são aqueles que podem processar e gerar informações em diferentes formas de mídia, como texto, imagens, áudio e até vídeo. A capacidade de integrar múltiplos tipos de dados oferece novas possibilidades para a criação de prompts e respostas mais ricas e diversificadas.

**Exemplo Prático**:

- **Prompt Tradicional**: "Descreva o conceito de IA."

    o **Modelo de Texto**: O modelo responde com uma explicação textual do conceito.

- **Prompt Multimodal**: "Crie uma imagem e uma descrição do conceito de IA."

  - Resposta Multimodal: O modelo gera uma imagem simbólica de IA (por exemplo, um cérebro digital) e fornece uma explicação detalhada ao lado.

**Explicação**: Com a integração de **múltiplas modalidades**, a forma de interagir com os modelos de IA vai além do texto, permitindo uma abordagem mais holística, o que exige prompts mais complexos e diversificados.

## 21.4 Personalização dos Modelos de IA: Prompts Mais Específicos e Contextuais

**Definição**: A **personalização** de modelos de IA permite que eles sejam ajustados para melhor atender às necessidades de um usuário ou contexto específico. Modelos personalizados podem ser treinados para responder de maneira mais relevante com base em dados ou interações anteriores.

**Exemplo Prático**:

- **Prompt Genérico**: "O que é a física quântica?"

  - Resposta: O modelo oferece uma explicação genérica sobre física quântica.

- **Prompt Personalizado**: "Explique a física quântica de forma simples para um estudante do ensino médio interessado em física."

  - Resposta Personalizada: O modelo fornece uma explicação mais acessível e alinhada ao nível de conhecimento do estudante.

**Explicação**: A personalização vai além da criação de prompts estáticos, permitindo que o modelo se ajuste de forma dinâmica e interativa, proporcionando respostas mais alinhadas às expectativas do usuário.

## 21.5 A Necessidade de Adaptar Prompts para Diferentes Tipos de IA

**Definição:** Diferentes tipos de IA exigem diferentes abordagens de prompt. Modelos de IA como GPT-4 (textos), DALL·E (imagens) e CLIP (imagens e textos) têm capacidades distintas que precisam ser levadas em consideração ao criar prompts.

**Exemplo Prático:**

- **Modelo GPT-4 (Texto):** "Descreva a importância da ética na inteligência artificial."

  o **Resposta:** O modelo gera uma resposta textual completa sobre ética na IA.

- **Modelo DALL·E (Imagens):** "Crie uma imagem representando a importância da ética na inteligência artificial."

  o **Resposta:** O modelo gera uma imagem simbólica, como uma balança de justiça com elementos de IA.

**Explicação:** Quando interagimos com diferentes tipos de IA, os **prompts precisam ser ajustados** para tirar proveito das capacidades específicas de cada modelo, seja para gerar texto, imagens, vídeos ou outros tipos de mídia.

### 21.6 Tendências Futuras na Engenharia de Prompts

À medida que os modelos de IA evoluem, surgem diversas **tendências emergentes** que impactam a engenharia de prompts. Algumas dessas tendências incluem:

1. **IA de Auto-Aprimoramento:** Modelos que conseguem melhorar suas próprias respostas com base no feedback contínuo, tornando a criação de prompts mais interativa e dinâmica.

2. **IA Explicável:** Modelos que não apenas fornecem respostas, mas também explicam o raciocínio por trás delas, exigindo prompts que ajudem a solicitar uma explicação clara da resposta gerada.

3. **IA com Consciência Contextual:** Modelos que entendem e ajustam suas respostas com base no **contexto histórico** de interações anteriores, permitindo uma personalização mais avançada.

**Exemplo Prático:**

- **Prompt Futuro:** "Explique o impacto do aquecimento global na biodiversidade, considerando dados de 2024 e tendências previstas até 2050."

  o **Resposta:** O modelo combina informações atualizadas com projeções futuras, ajustando a resposta de acordo com o contexto temporal.

**Explicação:** A capacidade de integrar **contextos históricos** e **projeções futuras** vai exigir prompts cada vez mais específicos e informados, com o objetivo de extrair o máximo do potencial da IA.

## 21.7 Implicações Éticas e Sociais da Evolução dos Modelos de IA

**Definição:** A evolução dos modelos de IA traz novos desafios éticos e sociais, incluindo questões de **privacidade, autonomia,** e **impactos econômicos.**

**Exemplo Prático:**

- **Prompt Ético:** "Como a inteligência artificial pode ser usada para melhorar a educação sem comprometer a privacidade dos estudantes?"

  o **Resposta Ética:** O modelo sugere o uso de IA para personalização da educação, sem coleta de dados pessoais sensíveis, preservando a privacidade.

**Explicação:** À medida que os modelos de IA evoluem, é necessário formular prompts que promovam soluções **éticas** e **sustentáveis,** equilibrando inovação e responsabilidade social.

## 21.8 Considerações Finais

O futuro da engenharia de prompts está intrinsecamente ligado à evolução dos próprios modelos de IA. **Compreender essas mudanças** e adaptar os **prompts** a essas novas realidades será essencial para aproveitar o potencial da IA de forma ética, eficaz e responsável. A flexibilidade, personalização e multimodalidade dos modelos atuais exigem que engenheiros de prompts estejam atentos às **tendências emergentes** e ajustem continuamente suas abordagens para se manter na vanguarda da tecnologia.

---

## Conclusão

Dominar a Engenharia de Prompts é essencial para qualquer profissional ou entusiasta que deseja aproveitar ao máximo o poder da Inteligência Artificial. Ao seguir os princípios, boas práticas e exemplos deste guia, você estará pronto para criar prompts eficazes e extrair o melhor dos modelos de linguagem.

**Lembre-se:** Teste, ajuste e refine sempre!

---

## Referências

Aqui estão algumas das principais fontes e leituras recomendadas para aprofundar o conhecimento sobre **Engenharia de Prompts** e Inteligência Artificial. As referências incluem livros, artigos acadêmicos, blogs, cursos e plataformas que abordam tanto os fundamentos da IA quanto as técnicas avançadas de prompting.

**Livros e Artigos Acadêmicos**

1. **"Artificial Intelligence: A Modern Approach"** – Stuart Russell e Peter Norvig

    o   Este é um dos livros mais renomados sobre IA oferecendo uma visão abrangente de teoria e prática. Embora não seja especificamente sobre engenharia de prompts, fornece o contexto necessário sobre como os sistemas de IA funcionam.

2. **"Deep Learning"** – Ian Goodfellow, Yoshua Bengio e Aaron Courville

   o Um livro essencial para quem deseja entender as redes neurais profundas, que são a base de muitos modelos de IA modernos. Ele fornece uma base sólida que pode ser útil ao entender como os prompts interagem com modelos de aprendizado profundo.

3. **"Speech and Language Processing"** – Daniel Jurafsky e James H. Martin

   o Este livro é um guia completo sobre o processamento de linguagem natural, que é uma parte fundamental dos sistemas de IA que utilizam prompts. Ele fornece uma boa base para quem deseja entender como os modelos de linguagem respondem a comandos.

4. **"Prompt Engineering for AI: How to Make Models Work for You"** – John O'Connor

   o Um livro focado especificamente em como construir prompts eficazes e interagir com IA de forma otimizada. Ideal para quem quer entrar diretamente na prática de engenharia de prompts.

**Artigos e Blogs**

5. **OpenAI Blog** – blog.openai.com

   o O blog da OpenAI contém uma variedade de artigos que exploram como criar prompts eficazes, atualizações sobre modelos de IA como o GPT-3, e exemplos práticos de utilização da IA.

6. **"How to Write Effective Prompts for Language Models"** – Michael T. W. O'Hara

- Artigo focado especificamente em estratégias para criar prompts eficientes e tirar o máximo proveito dos modelos de linguagem modernos, como GPT-3.

7. **Towards Data Science** – towardsdatascience.com

- Uma plataforma rica em artigos técnicos, incluindo tópicos como engenharia de prompts, aprendizado de máquina, IA explicável, e muito mais. Ideal para quem está em busca de exemplos práticos e dicas de profissionais.

8. **The AI Alignment Forum** – alignmentforum.org

- Fórum dedicado à discussão de questões éticas e técnicas na IA. Muitos artigos sobre como treinar IA com prompts e garantir que os resultados sejam alinhados com os objetivos desejados.

**Cursos e Plataformas de Aprendizado**

9. **Coursera – Deep Learning Specialization** (Andrew Ng)

- Um dos cursos mais populares sobre aprendizado profundo, ministrado por Andrew Ng, fundador do Coursera e professor de Stanford. Embora não seja exclusivamente sobre prompts, o curso fornece o contexto necessário sobre como os modelos de IA podem ser treinados e como interagir com eles.

10. **Fast.ai – Practical Deep Learning for Coders**

- Um curso excelente e gratuito que oferece uma abordagem prática ao aprendizado profundo, focando em construir modelos de IA poderosos. Embora não seja especificamente sobre engenharia de prompts, o curso ajuda a entender como modelos complexos funcionam.

11. **AI Dungeon – The AI Storytelling Game** – aidungeon.io

- Uma plataforma interativa que permite criar histórias usando IA. Pode ser útil para entender a importância da precisão e criatividade nos prompts ao interagir com modelos de linguagem.

## Plataformas de Teste de Prompts

12. **PromptBase** – promptbase.com

- Plataforma onde você pode testar, criar e comprar prompts otimizados para vários modelos de IA. Ideal para quem deseja exemplos práticos e insights sobre como diferentes prompts funcionam.

13. **OpenAI Playground** – platform.openai.com

- Ferramenta interativa que permite criar e testar prompts com modelos da OpenAI, como GPT-3. A plataforma é uma excelente maneira de experimentar e refinar seus próprios prompts.

14. **Hugging Face** – huggingface.co

- Hugging Face oferece uma ampla gama de modelos de IA, muitos dos quais podem ser manipulados por prompts. O site também possui uma comunidade ativa de desenvolvedores e cientistas de dados que compartilham boas práticas e exemplos de prompts.

## Outros Recursos

15. **"The Art of Prompt Engineering"** – Course by Jason Lee

- Um curso especializado que ensina as melhores práticas para criar prompts eficazes em várias plataformas de IA cobrindo desde o básico até técnicas avançadas de ajuste.

16. **GPT-3 Paper: Language Models are Few-Shot Learners** – Tom B. Brown, Benjamin Mann et al.

- O artigo de pesquisa seminal que introduziu o GPT-3. Ele fornece uma visão técnica sobre como o modelo foi treinado e como ele responde aos prompts.

Essas referências servirão como uma base sólida para aprofundar seu conhecimento sobre **engenharia de prompts**, além de fornecer uma perspectiva prática e acadêmica para melhorar suas habilidades de interação com IA.

## Sobre o autor

 Paulo Fagundes é um profissional de tecnologia da informação com experiência sênior em Inteligência Artificial e Desenvolvimento de Software. Possui sólida formação em lógica de programação e aprendizado de máquina, tendo atuado em diversos projetos que combinam inovação tecnológica e soluções práticas.

Atualmente, Paulo é Chief AI Officer (CAIO) da MakeAI Innovations, onde lidera iniciativas de desenvolvimento de inteligência artificial. Ele também atua como GenAI/Security Lead Prompt Engineer, AI Research Scientist, Master Machine Learning Engineer e Data Engineer. Além disso, ele é o proprietário dos perfis CodeXpert AI no X e no Instagram, onde compartilha insights e recursos sobre programação e IA.

Apaixonado por ensinar e compartilhar conhecimento, Paulo está sempre em busca de novas formas de desmistificar conceitos complexos, tornando-os acessíveis a todos. Ele acredita que a educação é a chave para o futuro, especialmente no campo da tecnologia, onde a adaptação e o aprendizado contínuo são essenciais.

Você pode se conectar com Paulo e acompanhar seu trabalho através de seu perfil no LinkedIn: Paulo Fagundes

www.ingramcontent.com/pod-product-compliance
Lightning Source LLC
La Vergne TN
LVHW051701050326
832903LV00032B/3939